文化政策論　序説

岩崎正彌

目次

梗概

この国のあるべき姿の再興と実現にむけて、文徳・武徳をもって、国民を教化していく方針・方策としての文化政策を展望する。

我が国は、神国として創られ、神武の建国より、護国仏教の律令国家として発展・成熟し、近代においては和魂洋才を旨とした立憲君主国家へと、国際情勢の節目ごとに現実的な対応をしながら、国家としての独立を保ち、繁栄・発展をしてきた。大戦後には、奇跡の経済復興を果たすも、その文化および文化政策においては課題を残しつつ今日に至っているように思われる。

そこで、文化および文化政策の意義を改めて概括し、我が国のこれまでの文化および文化政策を吟味し、国体および皇国の道義の彌栄を願って、今後のあるべき文化および文化政策を講じる授業「文化政策論」の骨子をここにまとめる。

岩崎正彌

平成二十八年　弥生

序

平成二十二年（二〇一〇）の本学部の開講に伴い、三生後期（第六セメスター）に配当された講義授業「文化政策論」（専門科目：発展科目（選択））を、私が担当させていただいて、平成二十四年（二〇一二）度から今年度（平成二十七年（二〇一五）度）まで、数えて四年となる。この間、創意工夫をし、改善推敲をして、洗練に努めてきたこの講義の内容の骨子を、この度この「序説」としてまとめさせていただくこととした。

第一章　皇国の文化政策

〈第一講〉

第一節．文化政策とは

この授業「文化政策論」の目的は、冒頭に挙げたとおり、「この国のあるべき姿の再興と実現にむけて、文徳・武徳をもって、国民を教化していく方針・方策としての文化政策を展望する」ことである。

そこで最初に、まず文化政策とは何かについて考えてみる必要があろう。そのためには文化とは何か、政策とは何かを考え、その上で、文化政策とはいったい何のために、どのようにあるべきかを、考える必要があろう。

（一）文化

まず、文化とは何か。辞書を紐解けば、「③人間が自然に手を加えて形成してきた物心両面の成果。衣食住をはじめ技術・学問・芸術・道徳・宗教・政治など生活形成の様式と内容とを含む。文明とほぼ同義に用いられることが多いが、西洋では人間の精神的生活にかかわるものを文化と呼び、技術的発展のニュアンスが強い文明と区別する。↔自然。」（註一―一―一）とある。私たちが今日において使っている文化という言葉の意味は、このように私たちを取り巻く様々な生活形式と内容との全体を指すものである。また、「②世の中が開けて生活が便利になること。文明開化。」とあるように、文化と文明とは互いに深く連携していることが窺える。

さて、文化にはもう一つの、あるいはより根源的な、ともいうべき元々の意味、すなわち「①文徳で民を教化すること」という意味がある。（註一―一―二）ここで、私は敢えて、この①の意味に注目して、文化政策を再定義していきたいと存ずる。

ここに出てくる文徳《ぶんとく》とは「学問によって教化し、人を心服させる徳」であるという。（註一―一―三）では徳《とく》とは何であるか。徳とは「①道をさとった立派な行為。善い行いをする性格。身に付いた品性。道徳・徳性・人徳・美徳。②人を感化する人格の力。めぐみ。神仏の加護。」（註一―一―四）である。また、文《ぶん》とは、ここでは「⑥武に対して、学問、学芸、文学、芸術など」を指すと思われる。（註一―一―五）

また、ここで登場する教化《きょうか》とは「①教え導いて善に進ませること。民衆を――する。②〔仏〕↓きょうけ」とあり、その仏教語としての教化《きょうけ・きょうげ》とは「①衆生《しゅじょう》を仏道へと教え導くこと。②法要に際して歌う仏教歌謡」

とある(註一―一―六)。また、「善に進ませること」との善《ぜん》とは「正しいこと。道徳にかなったこと。よいこと。」(註一―一―七)である。

なお、私たち日本人にとっては、文徳といえば武徳という言葉が想起される。文武とは「文学と武道」を指し(註一―一―八)、また文官と武官の意でもあり、文武両道はかつては文武二道と云い、文武は一徳であると説かれ、これが我が国の美風であるとされた(註一―一―九)。現代においても文武両道は望ましい日本人の姿とされている。

この武徳とは、「武道または武事の徳義」とある(註一―一―十)。そもそも「武」とは「①雄々しいこと。強いこと。武勇・武威。②戦いの力。戦いの術。軍事。」を云うのである(註一―一―十一)ゆえ、武徳とは武威をもって正義を保つ為の道である。武徳なくして内外ともに国は治まり難い。

我が国は建国以来「武の国」であった。初代天皇に「神武《じんむ》」の名を戴くとおり、武士《もののふ》の国であった。我が国においての武徳はすべからく神から帝《みかど》を通じて下賜されたものであり、征夷大将軍とは朝廷から武門の棟梁に授けられた官職であった(註一―一―十二)。そこで、敢えてここに、我が国における文化および文化政策の意味を問う中に、文徳とともに武徳をも加えさせていただくこととする。

以上が、文化の本質であるとするならば、我が国における文化とは「文徳および武徳によって人々を善導し救済すること」を意味するのである。本来は文化とは、決して、現代の風潮のように、人々の営みの成り行きの果ての姿を指していう言葉ではない。極めて主体的で能動的であり、教育的で道義的な使命をもった、尊い行いを指す言葉である。

（二）政策

次に政策という言葉について考察をする。

政策《せいさく》とは「①政治の方策。政略。②政府・政党などの方策ないし施政の方針。外交——。」（註一－一－十三）とある。また、政《せい》とは「①国を治めること。まつりごと。②物事を整えおさめること。」（註一－一－十四）とあり、策《さく》とは「①むち。つえ。②文字を記した竹札。③くじ。⑤はかりごと。「策略・政策」。」（註一－一－十五）とある。

ところで、政《せい》とは大和言葉においては「まつりごと」であり、「まつりごと」とは「①祭祀権者が祭祀を行うこと。祭祀。②主権者が領土・人民を統治すること。政治」（註一－一－十六）とある。我が国においては、まつりごと（政）とは、神仏への祭祀であり、その祭祀権者が神仏の心を体して、統治者として、領民を治めることであった。我が国は、神代以来の二千六百余年以上の歴史を有し、最高祭祀者たる天皇のもとに統治が行われてきた国体を有する国である。江戸期の国学者の本居宣長（一七三〇～一八〇一）が讃えたように「天《あま》つ神《かみ》の御心《みこころ》を大《おほ》御心《みごころ》として、神代も今も隔てなく、神《かむ》ながら安国《やすくに》と、平《たひ》らけく治《し》ろしめける大御国《おほみくに》（天の神のお気持ちを神聖な［天皇ご自身の］お心として、神代も現代も差がなく、神でいらっしゃるままに、安穏な国として平穏にご統治なさった尊敬するお国）」と謳われた国である。（註一－一－十七）

こうして見ると、我が国における政策とは、「この国を創られた大和の神々の御心に適った、この国をより善い平穏な国とする方策」であらねばならない。決して外つ国《とつくに》のみを手本とした、架空の国を目指すものであってはならず、決して人々の利便性や快楽安逸への要望によってのみ左右された手立てであってはならない。

なお、政策とは「政治の方策」であるのだから、狭義においては統治者・施政者、現代でいえば、政府および地方公共団体等が行うものであろうが、広義には、「あまねく世の中を善くしていくための様々な人々による様々な方策」と捉えるべき、と私は考える。その理由は、（1）文化はひとり施政者の命令によって果たされるのではなく、国民の同意と理解、協力と実践によって結実し享受されるものであり、また、（2）これまでも、特に現代においては尚更に、施政者の統治そのものが、主権者と位置づけされている国民の選択と支持、付託によって構成されるのであるからである。さらには、（3）もし、すべての政策を公共事業によるもののみとみなすならば、その施行には莫大な予算と制度設計や補助金配分、監理監督とそれに関わる大きな組織と権限が発生しかねないが、多くの民間の人々の善意によって多くの手立てがなされるならば、公共予算は大幅に軽減され、政府への依存も軽減し、しかも現場に対処された細やかな、心のかよった実施が望まれる。すなわち、（4）民間に命令をする政策より、民間の人々の篤志を奨励する政策こそ上策といえよう。（5）事実、これまでも各時代において、ただ今も全国各地の各現場において、志高いひとびとによる熱意ある善き取り組みによって、他の多くの人々にその影響が与えらえ、地域を変え、社会を変え、国を動かしつつ、社会が善き世の中に導かれているのであるからである。

以上の理由から、この論においては、官・民を問わず、団体・個人を超えて、善き社会づくり、善き国づくりがどのように志され、そしてどのように創造されたか、その結果を生んだ経緯に関わる方策を広く「政策」ととらえて探究していきたい。

（三）皇国の文化政策

以上、文化および文化政策について考察してきた。これを統合して考えるならば、すなわち、我が国のあるべき文化政策とは、「我が国の国体《こくたい》、国柄《くにがら》、歴史に即した、神仏の願いに沿って、人々を善導し、魂を救済するための方策」でなければならない。大東亜戦争までの我が国の文化政策もそのためのものであった。ゆえに、戦後の占領政策で連合軍総司令部（ＧＨＱ）は、この我が国の従来の文化政策の分断と消滅を画策し、我が国の弱体化を目指した。これについては後に第二章　第十一節「占領軍下の文化政策」で述べる。

戦後七十年を経て、いまだになお、教育界においても、「敗戦のコンプレックス」「自虐史観」というべき呪縛にさいなまれているように見受けられる。「皇国の道義を講ずる」ために創設され、主権の回復とともに再興された本学における授業「文化政策論」は、まさに本来の皇国の道義を復興するための授業「文化政策論」でなければならない。

そこで、この授業「文化政策論」における文化政策とは「この国のあるべき姿の再興・実現にむけて、文徳・武徳をもって、国民を教化していく方針・方策としての文化政策」と定義した次第である。そして受講者諸君におかれては、将来において各界（それは、国家公務員、地方公務員としてだけでなく、教育界、財界をはじめ、あらゆる組織、あらゆる家庭）において、それぞれに与えられた役割の中で、これを吟味・工夫・実践していただき、我が国のあるべき文化の再興を果たしていただきたい、と願う次第である。それが、この授業の真の目的である。

（註：一－一－一）【文化（ぶんか）】　岩波書店『広辞苑（第五版）』「①文徳で民を教化すること」「②世の中が開けて生活が便利になること。文明開化。」「③人間が自然に手を加えて形成してきた物心両面の成果。衣食住をはじめ技術・学問・芸術・道徳・宗教・政治など生活形成の様式と内容とを含む。文明とほぼ同義に用いられることが多いが、西洋では人間の精神的生活にかかわるものを文化と呼び、技術的発展のニュアンスが強い文明と区別する。↔自然。」　小学館『日本国語大辞典』①権力や刑罰を用いないで導き教えること。文徳により教化すること。＊清原宣賢式目抄（一五三四）端書「天下は一人の天下に非ず、天下の天下也。有道の者保レ之。故文化を先にし、刑罰を後にして、人民心を一つにして、上下永可保ために此書を作」＊改訂増補哲学字彙（一八八四）「Enlightment 大覚、文化」＊説苑《ぜいえん》－指武「凡武之興、為レ不レ服也、文化不レ改、然後加レ誅」②世の中が開け進んで、生活内容が高まること。文明開化。＊滑稽本・古朽木（一七八〇）一「目出たい御代故、文化も盛にひらけて」＊西国立志編（一八七〇～七一）〈中村正直訳〉一・七「次第に工夫を積めるもの、合湊して盛大の文化を開けるなり」（略）③自然に対して、学問・芸術・道徳・宗教など、人間の精神の働きによってつくり出され、人間生活を高めてゆく上の新しい価値を生み出してゆくもの。＊百学連環（一八七〇～七一頃）〈西周〉「一　其国々の経界及び政体を論し、其他風俗、人種、教法、文化、人口、（略）財政等の如きを悉く論し」＊かのように（一九一二）〈森鴎外〉「それだからドイツの政治は、旧教の南ドイツを逆はないやうに抑へてゐて、北ドイツの新教の精神で、文化《ブンクワ》の進歩を謀って行かなくてはならない」（略）④（他の語の上について）便利である、ハイカラ・モダンである、新式であるの意を表わす語。「文化竈」「文化住宅」「文化村」など。（略）語誌：（１）漢籍に見られる語であるが、明治時代に「文明」とともに civilization の訳語として使用され、当初は「文明」とほぼ同じ意味であった。「文明」が「文明開化」という成語の流行によって明治時代初期から一般的に使用されていたのに対して、「文化」が定着

したのは遅れて明治二十年前後である。（2）明治三十年代後半になると、ドイツ哲学が日本社会に浸透し始め、それに伴い、「文化」はドイツ語の Kultur（英語の culture）の訳語へと転じた。そのことによって、次第に「文化」と「文明」の違いが協調されるようになった。大正時代になると、「文化」が多用されるようになり、「文明」の意味をも包括するようになってきた。」

（註：一－一－二）文化という言葉の初出については、［説苑（ぜいえん＝中国の前漢代の説話集。二〇巻。劉向《りゅうきょう》編。儒教的立場から様々の伝説・故事を収録）」からという（小川環樹『角川　新字源』「文化」の項より）。福田州平著『第一講　現代文化を読み解くということ』（大阪大学）の解説によれば「説苑・指武「聖人之治天下也、先文徳而後武力。凡武之興為不服也。文化不改、然後加誅」（現代語訳：聖人が天下を治める場合、学問文教の徳をまづはじめに施し、武力は後にする。そもそも武力を行使するのは相手が心服しないからである。学徳によって教化をしても、相手が悪い行を改めない場合はそこではじめて武力を使って討伐を行うのである。いったい至って愚かな者は、どんなに教化しても向上しないものである。純粋な徳で教化することができなくなってその後にはじめて武力を使うのである。（高木　一九六九：二三二）」と説明されている。

（註：一－一－三）【文徳（ぶんとく）】　岩波書店『広辞苑（第五版）』：「学問によって教化し、人を心服させる徳」。小学館『日本国語大辞典』：「学問、文教の徳。学問、人格力などによって人を教化し心服させる徳。＊東海一漚集（一三七五頃）四・経権篇「王者専修二文徳一、旺化二諸人一者也」＊文明本節用集（室町中）「文徳者帝王之利器［漢書］」＊翁問答（一六五〇）上・末「文芸ありて文徳なきは文道のようにたたず」＊易経－小畜卦「風行二天上一小畜、君子以懿二文徳一」

（註：一－一－四）【徳（とく）】　岩波書店『広辞苑（第五版）』：「①道をさとった立派な行為。善い行いをする性格。身に付いた品性。道徳・徳性・人徳・美徳。②人を感化する人格の力。めぐみ。神仏の加護。」　小学館『日本国

語大辞典』：「①道徳的、倫理的理想に向かって心を養い、理想を実現していく能力として身に得たもの。またその結果として言語・行動に現われ、他に影響、感化をおよぼす力。社会的な観点から評価される人格。②本来備えている能力。天賦。天性。人格の作用。また、すぐれた力・はたらき。能力。効果。」

（註一－一－五）【文（ぶん）】　岩波書店『広辞苑（第五版）』：「①あや。もよう。②字。書体。③書物。本。④まとまった思想を表したもの。書いた言葉。⑤形の上で完結した、一つの陳述によって述べられている言語表現の一単位。⑥武に対して、学問・学芸・文学・芸術などをいう。文武。文明。⑦文部省の略。文相。⑧文学・文章の略」小学館『日本国語大辞典』：「①外見を美しく見せるためのかざり、もよう。あや。②文章。また、詩文。転じてそれらを集めた書物。＊古事記（七一二）序「上古の時、言と意と並びに朴にして、文を敷き句を構ふるに、字に即ち難し」③文学。学問。学芸。また、これらを励み修めること。④みやびやかなこと、はでなこと。文雅。⑤格言。成語。また、典拠。⑥いれずみをすること。⑦文官のこと。」

（註一－一－六）【教化（きょうか）】　岩波書店『広辞苑（第五版）』：「①教え導いて善に進ませること。「民衆を──する」「──団体」②〔仏〕→きょうけ。」　小学館『日本国語大辞典』：「教え同化すること。特に道徳的な意味で使われる。教育が科学的、合理的な内容を含むのに対して、これらを欠いたものとして対比して用いられることがある。」

【教化（きょうけ）】（キョウゲとも）　同：「〔仏〕①衆生《しゅじょう》を仏道へと教え導くこと。②法要に際して歌う仏教歌謡。」小学館『日本国語大辞典』：「①仏語。衆生を教え導いて恵みを与えること。説経。②法要に際し仏前で朗唱される一種の讃歌。③人に施物を乞うこと。

（註一－一－七）【善（ぜん）】　岩波書店『広辞苑（第五版）』：「①正しいこと。道徳にかなったこと。よいこと。「善良・善行・慈善・偽善」↔悪。②すぐれたこと。このましいこと。たくみなこと。「善本・善戦・善知識・善後策」

③仲良くすること。「善隣・親善」」　小学館『日本国語大辞典』：「①正しい道理に従い、道徳にかなうこと。よいこと。また、そのような行為、ふるまい。⟷悪。②ことましいこと。すぐれていること。」

（註・一－一－八）【文武（ぶんぶ）】　岩波書店『広辞苑（第五版）』：「（古くはブンプとも）文と武。文学と武道。平家物語七「あっぱれ――二道の達者かな」。日葡辞書「ブンプニタウ〈二道〉ノヒト」。「――両道」。」小学館『日本国語大辞典』：（文武の項）「（古くはブンプとも）文と武。文事と兵事。文学、文治など文化的な面と、武道、軍力など軍事的な面。また、文官と武官。文人と武人。＊続日本紀・和銅元年（七〇八）七月乙巳「文武職事五位已上及び女官。賜禄各有差」。

（註・一－一－九）【文武二道（ぶんぶにどう）】　平安中期の永承元年（一〇四六）に、河内源氏の祖であり平忠常の乱を平定した源頼信《みなもとのよりのぶ》（九六八～一〇四八）が石清水八幡宮に捧げた願文に、「文武の二道は朝家の支え」とある（石清水八幡宮田中家文書『源頼信告文案』古写より）。「朝」とは朝廷、すなわち御門《みかど》を指し、「家」とはここでは国家を指す。従って「朝家」とは「天皇を戴くわが日本の国家」つまり「日本国」のこと。その支えが文武の二道であるという意味である。

鎌倉初期に、天台宗の僧侶・慈円《じえん》（一一五五～一二二五）が著した史論書『愚管抄《ぐかんしょう》』第五巻に、「文武ノ二道ニテ國主ハ世ヲオサムルニ」とある。「文と武の二つの道によって国主は世の中を治める」という意味である。

（註・一－一－十）【武徳（ぶとく）】　岩波書店『広辞苑（第五版）』：「武道または武事の徳義。」（北影雄幸著『武士道十冊の名著』（勉誠出版、二〇一二）P12より）。「中江藤樹著『翁問答』に「元来、文武は一徳にして、各別なるものにてはなく候。天地の造化一気にして、陰陽の差別ある如く、人性の感通一徳にして、文武の差別ある故に、武なき文は真実の文にあらず、文なき武は真実の武にあらず。陰は陽の根となり、陽は陰の根となる如く、文は武の根となり、武は文の根となるなり。天を経として地を緯として、天下国家をよく治めて、国富み民栄え、五倫の道を正しくするを文という。天命を畏れざる悪逆無道のものありて、文道を妨ぐる時は、あるひは刑の罰にて懲し、あるひは軍《いくさ》をおこして征敗して、天下を一統の治をなすを武といふ。」とある」。

（註：一－一－十一）【武（ぶ）】　岩波書店『広辞苑（第五版）』：「①雄々しいこと。強いこと。武勇・武威。②戦いの力。戦いの術。軍事。「武力・武器・武士・武者」↔文。③一歩（六尺）の半分。半歩の長さ「歩武」。③徒歩の雑兵《ぞうへい》。夫《ふ》↓ほ・ふ《(歩)》」　小学館『日本国語大辞典』：「①勇ましいこと。たけだけしいこと。勇敢な行為。武勇。②軍事に関する威力。武威。武力。兵力。また、いくさ、戦争。③いくさの方法や戦闘の術。兵法。武術。武芸。④武官。武人。⑤長さの単位。一歩（六尺）の半分。三尺。」

（註：一－一－十二）【武徳は神から帝（みかど）を通じて下賜されたもの】　山鹿素行著『中朝事実』（荒井桂・現代語訳『山鹿素行・中朝事実を読む』（致知出版社、二〇一五）より）：（P4）序「（略）それ中國（ちゅうごく（＝日本のこと））の水土は萬邦に卓爾《たくじ》として、人物は八紘に精秀《せいしう》たり。故に神明の洋洋たる、聖治の綿綿《めんめん》たる。煥乎《くわんこ》たる文物、赫乎《かくこ》たる武徳、以て天壌《てんじょう》に比すべきなり。」　（P373）武徳章「謹みて按ずるに、是れ、日神武備を装ひ兵を起したまふの義なり。日神の聖霊なるや、天下誰かこれに適せん。而して猶ほ大丈夫の備を設けて以て防禦したまふ。是れ戒を万世に垂れ備を未然に設けしむるの謂なり。蓋《けだ》し備は予め為すの義なり。備あるときは安く、備なきときは敗る。天下の事物皆然り。況《いわん》や兵の用たる、必ず不虞あり不意あり。故に遠く慮《おもんばか》り深く思ひて武備を装ふときは、難に臨みて患《わずら》いなし。（現代語訳：謹んで考えてみるに、これは、天照大神が武備を整え兵制を備えたことを意味している。大神の聖霊なる力に、天下に誰も匹敵しえないのに、しかもなお堅固な武備をととのえて防御したまうたのである。これこそ万世に永く教戒を垂示して、未然に防備を設けさせたことの意味にほからならい。天下の事物は備えあれば安全で、備えが無いと失敗するものである。ましてや兵を用いる戦には、必ず不慮や不意の出来事が伴うものである。だから深謀遠慮の武装があれば、難局に臨んでも心配ないのであ

る。）」（P401）武徳章（末尾）「武の徳惟れ神にして、文の教え惟れ聖なり（略）、神尚ほこれを戒めて兵器をもて神祇を祭る。その由ありて来るところ渾厚《こんこう》なるかな。（現代語訳：その武徳は神に誓うべく、その文教は、聖と称するべきところであり、（略）神が更に戒めるため兵器を以て天神地祇の祭祀を行ったのであった。わが国の武徳の由来の何と渾厚（こんこう（＝大きくてどっしりとしているさま））なことであろうか。）」

（註一－一－十三）【政策（せいさく）】　岩波書店『広辞苑（第五版）』：「①政治の方策。政略。②政府・政党などの方策ないし施政の方針。外交――。」

（註一－一－十四）【政（せい）】　岩波書店『広辞苑（第五版）』：「①国を治めること。まつりごと。「政治・参政・摂政・太政官」②物事を整えおさめること。」　小学館『日本国語大辞典』：「①不正をただすこと。また、国をおさめること。まつりごと。あるいは、おきて。②教え、道。」

（註一－一－十五）【策（さく）】　岩波書店『広辞苑（第五版）』：「①むち。つえ。つえつくこと。「散策」。②文字を記した竹札。かきつけ。特に授官の辞令書。「策書・策命」。③くじ。「神策」。⑤はかりごと。「策略・政策」。」　小学館『日本国語大辞典』：「①はかりごと。計略。策略。また、あることを解決するための工夫。②古代、中国で、文字を記した竹札。簡札。転じて、文書。かきつけ。③（古代、天子が政治について下問するとき、竹ふだに書いたことから）政治上の問題。また、それに対する答え。」

（註一－一－十六）【政（まつりごと）】　岩波書店『広辞苑（第五版）』：「（「祭事」または「奉事」の意）①祭祀権者が祭祀を行うこと。祭祀。②主権者が領土・人民を統治すること。政治。」　小学館『日本国語大辞典』：「①神を敬い慰撫・鎮魂し、祈願感謝すること。神をまつること。祭祀。②（古代においては、神をまつり、神の意を知ってそれを行うことが、そのまま国を統治することであったところから、転じて）君主・主権者が、その国の領土・人民を統一し治めること。政治。政道。」

（註・一－一－十七）。本居宣長著『直毘霊《なおびのみたま》』（阪本是丸監修『直毘霊を読む』（右文書院、二〇〇一）P9、P42～45より「皇大《すめら》御国《おほくに》は、掛けまくも可畏《かしこ》き神御祖天照大御神《かむみおやあまてらすおおみかみ》の、御生《みあれ》れ坐《ま》せる大御国《おほみくに》にして、（中略）天《あま》つ神の御心《みこころ》を大御心《おほみごころ》として、神代《かみよ》も今も隔てなく、神《かむ》ながら安国《やすくに》と、平《たひ》らけく治《し》ろしめける大御国《おほみくに》になもありければ。（現代語訳：皇大御《すめらおほ》国《くに》と呼ばれる、このお国は、口に出して言うことも恐れ多い神の御先祖にあたる天照大御神《まてらすおおみかみ》がお生れになったお国であって、（中略）天の神のお気持ちを神聖な［天皇ご自身の］お心として、神代も現代も差がなく、神でいらっしゃるままに、安穏な国として平穏にご統治なさった尊敬するお国であったので）」

第二節・神話＝神代の物語　の共有

このような考察と定義において、次章からは「日本のこれまでの文化政策」をふりかえっていくにあたって、まず日本の神話を学ぶことをお薦めいたしたい。これについては、竹田恒泰著『現代語　古事記』の「序にかえて——今、なぜ『古事記』なのか」に、次のように述べられている内容が大いに参考となろう。（註・一－二－一）

「では、今なぜ『古事記』なのか。その答えは、二十世紀を代表する歴史学者であるアーノルド・J・トインビー（一八八九～一九七五）の遺した次の言葉に端的に現れている。

『十二、十三歳くらいまでに民族の神話を学ばなかった民族は、例外なく滅んでいる』

この言葉は、民族の神話を学ぶことが民族存立の要件であることを示唆するもので、現在の日本人が日本神話を学んでいないことが、どれだけ大きな問題を孕《はら》んでいるかを教えてくれる。

かつて我が国が連合国の占領下にあった時「歴史的事実ではない」「創作された物語に過ぎない」「科

学的ではない」などの理由で、『古事記』『日本書紀』は「学ぶに値しないもの」とされた。それだけではない。それらは、日本が軍国主義に向かった元凶とされ、さも有害図書であるかのような扱いさえ受けてきた。（中略）日本人であれば、好き嫌いの前に、日本神話に何が書かれているかは、知っておかなければならない。（中略）「史実ではない」「科学的ではない」などという理由で、神話や聖典を学ばなくてよいということにはならないのである。（中略）

『古事記』は天皇の命により国家が編纂した公的な歴史書であり、決して個人が趣味で書き上げた歴史小説などではない。『古事記』には、政府見解が書かれていると考えて欲しい。そして、歴代の政府がこれを否定したことはない。（中略）

『古事記』の目的は、天皇の根拠を明らかにし、それを子子孫孫に伝えることである。『古事記』を読むことは、天皇の由来を知ることであり、それはすなわち、日本とは何か、そして日本人とは何かを知ることである。（中略）

先述のトインビーの言葉にあるように、日本人が日本神話を学ばなくなったら、日本民族は必ず滅亡する運命にある。私は日本を残すには、教育を変えるしかなく、その教育の中心には『古事記』がなくてはいけないと確信している。また近年は多くの人が日本人としての誇りを再発見しようとしているのもまた確かだ。日本のことを知ろうとしたら『古事記』を読むのが一番よいと思う。本書を『古事記』の入門書として役立ててもらえたら幸いである。」

この中で、私が最も共感し深く学んだことは、「日本人であるならば、『古事記』に書かれている内容を、作り話ではなく真実である、と受け止めて学ぶべきである。」ということである。それは、まず（1）『古事記』『日本書紀』が、当時の政府＝朝廷のもとで編纂・発表された公式な歴史書、すなわち国史であったこと。また、（2）以後、ごく近年まで真実として広く国民に共有されてきた物語であること。そして、（3）この神々の物語を真実として信じることが、日本の国と国民の尊さと誇りの源泉、日本的神道的精神の源泉となってきたからである。すなわち、我が国の国体の精神的な要《かなめ》が、多くの国民がこの日本の神々の物語を、特に天孫降臨・神武東征を、真実として受け入れることであった。

松浦光修は著書『日本は天皇の祈りに守られている』の中で、次のように語っている。（註：一－二－二）

「『古事記』や『日本書記』に残されている「神代の物語」を、江戸時代の学者たちは「神代巻」と呼んでいました。ところが、そういう言い方は、いつのまには消えてしまい、今では学会も世間一般でも、それらのことを「神話」と呼ぶようになっています。神道の世界にいる方々でさえ、そう言ってはばからない方がいますので、何も目くじらを立てる必要はないのかもしれません。しかし、私は近ごろ、「神話」という言葉に対して、かなり違和感を覚えるようになっています。

「神話」というのは、〝myth〟の翻訳語で、明治三十二年から、一般でも広く用いられるようになった言葉です（谷　省吾『神道原論』）。しかし、この〝myth〟という言葉には、ほかの意味もあります。「作り話」「でっち上げ」「根拠のない話」などです。「神話」という言葉は、聞いただけでは、なにやらありがたそうな言葉ですが、それは、あくまでも表面上の話で、その言葉の内部には、きわめて否定的な意味が含まれているのです。

「一神教」に改宗した西洋の人々から見ると、「ギリシャ」「ゲルマン」「ケルト」などの多神教の「神話」は、「作り話」「でっち上げ」「根拠のない話」に見えたでしょう。ですから、西洋から伝わったその言葉に、否定的な意味が含まれているのは、ある意味では当然のことです。

（中略）私自身、「神話」という言葉を、子供のころから最近まで、しばしば使ってきた者です。今後も、わかりやすくものを言うためには、やむをえず使うこともあるでしょう。しかし、私は本書にかぎっては、ひとつの問題提起として、『古事記』や『日本書記』などに記されている神々の物語を、「神話」と書かず、そのかわりに「神代の物語」と書こうと思っています。」

このように、『古事記』『日本書紀・神代巻』に表されている日本の神話を、作り話としてではなく、「神々の時代の物語」として、日本の正しい歴史として、読み、学び、理解し、共有し、語り合うことが、日本人としての大切な態度であると考える。

註釈：第一章　第二節

（註：一－二－一）竹田恒泰著『現代語　古事記』（学研、二〇一一、P002）「序にかえて――今、なぜ『古事記』なのか」

（註：一－二－二）松浦光修著『日本は天皇の祈りに守られている』（致知出版社、二〇一三）第四章「『神話』ではなく、『神代の物語』」P113より。

第三節 国体の護持と、国民の善導

もう一つ、改めて強調しておきたいことは、日本の文化政策を考えるにあたって、それは何の為にあるべきか、という事である。それは、我が国の国体《こくたい》、国柄《くにがら》、歴史に即したものであり、神仏の願いに沿って、人々を善導し、魂を救済するための方策でなければならない。

それは、第一は、日本の国体護持の為にあるべきである、と私は考える。国体とは何か。それはこの国の形、すなわち神代より続く万世一系の天皇を元首として仰ぎ、君・臣・民が一家のように、ひとつの家族のように、尊敬《そんけい》し合い、睦《むつ》み合い、慈《いつく》しみ合って、生きていく形である。それは、第二に、人々を善導する為にあるべきである、と私は考える。神仏の心を心とし、この国に生まれたことを喜び、世界の平穏を祈りながら生き、世界の調和と繁栄のために貢献してゆく姿である。

この二つの事を特に強調し、念を押して文化政策を進めてゆかなければならない。もし現状のように、時代の流れるままに文化の変化を任せているならば、この肝腎のところは希薄となり、溶解し、どこか別の国の姿になってしまうであろうことを、私は危惧する。事実、大戦の敗戦によってGHQが仕掛けた自虐史観や弱体化などの政策は、今なお我が国の文化を蝕みつづけている。アニメやゲームなどの隆盛も、世界に日本を誤解させる懸念も禁じ得ない。

永遠の繁栄（＝彌栄《いやさか》）が目指されている日本が、真に世界の永遠の調和と繁栄を牽引してゆくためには、まずは我が国の文化政策は我が国の国体の護持と、国民の善導とを、その目的に掲げていくべきと存ずる次第である。

第二章　日本のこれまでの文化政策

以下に、我が国の各時代における特筆すべき文化政策を挙げて論じる。なお、授業では各節に一回を充てて詳しく論じている。本稿では紙面の都合の上から、各節を圧縮して要点のみ短く述べる。

〈第二講〉

第一節．飛鳥期の文化政策

聖徳太子（五七四～六二二）（註二―一―一）の文化政策が、神武の建国以来のこの国の形づくりの方向性と基礎を造ったと言えるのではないかと思われる。その基本は神仏への崇敬であり、仏教興隆を謳いつつ（註二―一―二）、神道の大切さも説いた（註二―一―三）。冠位十二階の制定では、氏姓制の中で、人物本位、才能・能力・徳力をもって官吏を任官していくことを打ち出した（註二―一―四）。外交においては、朝貢・冊封の態度を改め、独立国としての気概を示した（註二―一―五）。国家としての正史『国記』『天皇記』の編纂に着手した（註二―一―六）。これらの業績の中でも十七条憲法は優れた日本国家の文化政策の指針であり、臣民への訓教書であった（註二―一―七）。

第一条　和以為尊。第二条　篤敬三寶。第三条　承詔必謹。第四条　以礼為本。・・・・・

これらの各条を、今日の私たちも深く学ぶべきであろう。

註釈：

（註：二－一－一）【聖徳太子（しょうとくたいし）】　吉川弘文館『國史大辞典』：「五七四～六二二　推古天皇の摂政皇太子。本名は厩戸皇子。（略）父は用明天皇、母は皇后穴穂部間人皇女。（略）用明天皇のあとをついだ崇峻天皇は蘇我馬子との確執がもとで馬子の意を受けた東漢直駒によって殺害される。（敏達天皇の皇后の）豊御食炊屋姫が五九二年即位して、日本で最初の女帝推古天皇の時代が始まる。天皇はその翌年当時二十歳の厩戸皇子を立てて皇太子とし、摂政とした。（略）太子が摂政となって最初に天下に布告したことは、仏教を正式に国の宗教として受容することを公にしたことである。仏教は欽明朝に公伝されてからこの方、蘇我氏は一貫してこれを興隆することに熱心であったが、皇室の態度は一定せず、消極的であった。推古朝になってはじめて朝廷の態度が定まり、豪族たちもこれから君親の恩に報いるために、競って寺を建てるようになった。推古天皇三年高句麗の僧恵慈、百済の恵聡が来日した。両僧は仏教を弘めるに功績があり、特に恵慈は太子の仏教の師となった。師弟の契りは深く、太子の深い仏教への造詣は恵慈に負うところが少なくなかった。（略）推古天皇十一年から太子の内政改革が始まる。十二階冠位を定めたことはそのひとつである（詳細は（註：二－一－四）に）。推古天皇十二年には『憲法十七条』を発布した。（詳細は（註：二－一－七）に）。『憲法十七条』には儒家・法家の具体的政策も述べられているが、根底には仏教思想が牢固として存在する。仏教篤信の太子の親しく作ったといわれるのにふさわしい。（略）（坂本太郎）」

（註：二－一－二）【仏教興隆の詔】　日本古典文学大系　六十八『日本書紀　下』（岩波書店、一九六七）P174：「（推古天皇二年（五九四））の春二月の丙寅《ひのえとら》の朔《ついたち》に、皇太子《ひつぎのみや》及び大臣《おほおみ》に詔《みことのり》して、三寶（さむぽう：注（仏・法・僧をいう。仏教のこと））を興し隆《さか》えしむ。是の時に、諸臣連《もろもろのおみむらじたち》等、各君親《おのおのきみおや》の恩《めぐみ》の為に、競《きそ》ひて佛舎《ほとけのおほとの》を造る。即ち是を寺《てら》と謂ふ。

（註：二－一－三）【神祇興隆の詔】　日本古典文学大系　六十八『日本書紀　下』（岩波書店、一九六七）P188：「（推古天皇十五年（六〇七））の春二月《はるきさらぎ》の庚辰《かのえたつ》の朔《ついたちのひ》に、壬生部《みむべ》を定む。戊子《つちのえねのひ》に、詔《みことのり》して曰《のたま》はく。「朕《われ》聞く、むかし、我が皇祖《みおや》の天皇等《すめらみことたち》、世を宰《おさ》めたまふこと、天《あめ》に跼《せかがま》り、地に蹐《ぬきあしにふ》みて、敦《あつ》く神祇《あまつかみくにつかみ》を禮《ゐや》びたまふ。周《あまね》く山川《やまかわ》を祠《まつ》り、幽《はるか》に乾坤《あめつち》に通《かよは》す。是《ここ》を以て、陰陽《ふゆなつ》開け和《あまな》ひて、造化《なしいづること》共に調《ととのほ》る。今朕《わ》が世に当《あた》りて、神祇《あまつかみくにつかみ》を祭《いは》ひ祀《まつ》ること、豈《あに》怠ることあらむや。故《かれ》、群臣《まへつきみたち》、共に為に心をつくして、神祇《あまつかみくにつかみ》を拝《あやびまつ》るべし」とのたまふ。」

（註：二－一－四）【冠位十二階（かんいじゅうにかい）】　吉川弘文館『國史大辞典』：「（聖徳太子の項）（推古天皇十一年（六〇三年））色を異にした冠を与え、その身位の上下を明らかにしたもので、大徳・小徳・大仁・小仁・大禮・小禮・大信・小信・大義・小義・大智・小智の儒教の徳目を冠名とした十二階である。この冠位は本人の勲功によって昇級したから、これまでのカバネに代わり個人の奉公の念を高めるのに効果があり、これを授与する天皇の尊厳を増す意味もあったであろう。（戸原純一）」　日本古典文学大系　六十八『日本書紀　下』（岩波書店、一九六七）』P180「（推古十一年（六〇三））十二月《しはす》の戊辰《つちのえたつ》の朔《ついたち》壬申《みずのえさるのひ》（五日）に、始めて冠位《かうぶりのくらゐ》を行ふ。大徳・小徳・大仁・小仁・大禮・小禮・大信・小信・大義・小義・大智・小智、併せて十二階《としなあまりふたしな》。並びに当れる色の絹《きぬ》を以て縫へり。」

（註：二－一－五）【隋に国書】　吉川弘文館『國史大辞典』：「（聖徳太子の項）（推古天皇十五年（六〇七））小野妹子を国使として隋に遣わし、「日出づる処の天子、書を日没する処の天子に致す。恙なきや。云々」（原漢文）の国書を呈した。隋の煬帝はこれを快しとしなかったが、翌年鴻臚寺掌客裴世清を答礼使として日本に遣わした。その帰国にあたり、妹子は再び隋に赴き、学生学僧八人を同行し、かの地の文物を学ばせた。隋に対する対等外交の勝利であり、五世紀代の倭王が南朝諸国に対して行なった服属外交を生産したものであった（坂本太郎）」それまでの冊封外交（仁徳天皇より十三回の朝貢）から決別し、対等外交をめざした。

（註・二ー一ー六）【国記・天皇記】　吉川弘文館『國史大辞典』:「（聖徳太子の項）推古天皇二十八年太子が馬子と議して『天皇記および国記臣連伴造国造百八十部ならびに公民等本紀』を録したと『日本書紀』にあるが、これは政府による歴史書編修の最初の試みとして注目される。（坂本太郎）」

（註・二ー一ー七）【十七条憲法】　吉川弘文館『國史大辞典』:「（聖徳太子の項）（推古十二年（六〇四））。これは官吏への教訓にすぎないという説もあるが、よく読めば太子の深遠な国家観・政治思想を表したもので、立国の根本義を規定した法といってよい。太子の考えた国家は君・臣・民の三つの身分からなる。君は絶対であるが、礼を重んじ、信を尊び、賢者を官に任じ、民の幸福を図らねばならぬ。臣は君の命を受け、五常の徳を守り、公平に人民を治めねばならぬ。そしてすべての人は和の精神を体して国家の平和を保ち、仏教に従って心を直さねばならぬ。この俗世での君・臣・民の三身分は仏教世界での仏・菩薩・衆生に比せられるものであり、菩薩の利他行によって衆生の救われる仏国の理想をここにも実現しようとするものである。（坂本太郎）」

【十七条憲法　原文　各条冒頭】（日本古典文学大系　六十八『日本書紀　下』（岩波書店、一九六七）P180　豊御《とようけ》食炊屋姫天皇《かしきやひめのすめらみこと》 推古天皇《すいこてんのう》十二年（六〇四年）。訓は飯島忠夫・河野省三編『勤王文庫』第一篇（大日本明道館。大正八年六月十五日発行による。）

第一条　和以為尊。「和《わ》を以《も》って貴《とうと》しとせよ」

第二条　篤敬三寶。「篤《あつ》く三宝《さんぽう》を敬《うやま》へ」

第三条　承詔必謹。「詔《みことのり》を承《う》けては必ず謹《つつし》め」

第四条　以礼為本。「礼《れい》を以《も》って本《もと》と為《せ》よ」

第五条　絶饗棄欲。明弁訴訟。「饗《あぢはひのむさぼり》を絶ち、欲を棄て、明《あきらか》に訴訟《うつたへ》を弁《わきま》へよ。

第六条　懲悪勧善。古之良典。「悪を懲《こら》し善《ぜん》を勧むるは、古《いにしへ》の良よき典《のり》なり。」

第七条　人各有任掌。宜不濫。「人各《おのおの》任掌《よさしつかさどること》有り。宜《よろ》しく濫《みだ》れざるべし。」
第八条　群卿百寮、早朝晏退。「群卿百寮《まへつきみたちつかさつかさ》、早く朝《まゐ》り晏《おそ》く退《まか》でよ。」
第九条　信是義本。毎事有信。「信は是れ義の本なり。事毎ごとに信有れ。」
第十条　絶忿棄瞋。不怒人違。「忿《いかり》を絶《た》ち瞋《いかり》を棄て、人の違《たが》ふことを怒《おこ》らざれ。」
第十一条　明察功過。賞罰必当。「功過《こうか》を明《あきらか》に察《さつ》して、賞罰《しょうばつ》必ず当《あ》てよ。」
第十二条　国司国造、歛勿百姓「「国司国造《みこともちくにのみやつこ》、百姓《ひゃくせい》に歛《をさ》めとること勿《なか》れ」
第十三条　諸任官者。同知職掌。「諸《もろもろ》の官《かん》に任《よさ》せる者《ひと》、同じく職掌《つかさごと》を知れ。」
第十四条　群卿百寮、無有嫉妬。「群臣百寮《まへつきみたちつかさつかさ》、嫉《そね》み妬《ねた》むこと有る無なかれ。」
第十五条　背私向公、是臣之道矣。「私を背いて公に向くは、是れ臣の道なり。」
第十六条　使民以時。古之良典。「民を使ふに時を以てするは、古《いにしへ》の良典《よきのり》なり。」
第十七条　夫事不可独断。必与衆宜論。「夫れ事は独り断《ひと》可《さだむべか》らず。必ず衆《もろもろ》と与《とも》に宜《よろし》く論《あげつら》ふべし。」
（https://ja.wikisource.org/wiki/%E5%8D%81%E4%B8%83%E6%9D%A1%E6%86%B2%E6%B3%95　より）

第二節：白鳳期の文化政策：

〈第三講〉

聖徳太子の精神を受け継ぎ、国家の骨格を構成していった白鳳期の文化政策は(註二－二－一)、特に天武天皇（？～六八六）（在位：六七三～六八六）と持統天皇（六四五～七〇三）（在位：六九〇～六九七）によって推し進められた。国号を倭《やまと》から「日本」(註二－二－二)と改め、元首を「天皇」(註二－二－三)と定め、皇祖神である天照大御神への祭祀を神宮式年遷宮として整え(註二－二－四)、藤原京に政庁を築いて恒久的な帝都とすることを目指した(註二－二－五)。律令の制定に努め(註二－二－六)、国史の編纂を進めた(註二－二－七)。

官僚教育機関として「大学寮」(註二－二－八)、地方官吏養成機関として「国学」(註二－二－九)を設置。柿本人麻呂や額田王など、いわゆる「万葉歌人」が多く輩出されて、後世に私撰和歌集「萬葉集」が編纂された。(註二－二－十)初唐の影響を受けつつ、明るく清新な日本の固有の精神を目指した、後世に「白鳳文化」と呼ばれる文化の華が咲いた。(註二－二－十一)

註釈：

（註二－二－一）【白鳳（はくほう）時代】　岩波書店『広辞苑（第五版）』：「①孝徳天皇朝「白雉《はくち》」の異称。②七世紀後半、特に天武・持統天皇時代の称。③日本文化史、特に美術史の時代区分の一。飛鳥時代と天平時代の中間。七世紀後半から八世紀前半まで。中でも「壬申《じんしん》の乱《らん》」（六七二）後の天武・持統朝では、天皇の権威が確立し、律令の制定、記紀の編纂の開始、万葉歌人の輩出、仏教美術の興隆など、初唐の文化の影響下に力強い清新な文化を創造した。」

【天武天皇（てんむてんのう）】　吉川弘文館『國史大辞典』：「（?～六八六）（六七三～六八六在位）。父は舒明、母は皇極（斉明）天皇で、天智天皇・間人皇女（孝徳天皇皇后）の同華母弟。幼名を大海人皇子《おおしあま・おおあま》（略）、天智天皇十年、天智の子大友皇子が太政大臣となり、同年天智の死の直前、大海人皇子は近江の朝廷を去って吉野に引退した。翌天武天皇元年（六七二）、吉野を脱して美濃に赴き、東国の兵を集めて大友皇子を擁する近江の朝廷を倒し（壬申の乱）、翌年二月飛鳥浄御原宮《あすかきよみからのみや》で即位し、天武天皇となった。（略）天皇の指導力が強力に発揮されるに及び、政界は安定した。（略）天皇は新羅との国交は保持しつつ、中国の唐との交渉は断ち、天皇を中心とする畿内豪族層の結集の上にたつ、中央集権体制の確立に腐心した。（略）天皇はまた、理想的な面で天皇を中心とする支配層の結束を強めることに努力した。伊勢神宮の祭祀を重んじ、（略）仏教をも尊崇し、大官大寺の造営や川原寺での一切経書写事業などを行った（略）。日本の古代国家と天皇制の基礎は、天皇によって固めらたといってよい。（略）（笹川晴生）」

【持統天皇（じとうてんのう）】　吉川弘文館『國史大辞典』：「（六四五～七〇二）（六八六～六九七在位）。ただし正式即位は六九〇年。白鳳時代の女帝。もとの名は鸕野讃良《うののさらら》皇女。（略）天智天皇の第二女、母は蘇我倉山田石川麻呂の娘の遠智娘《おちのいらつめ》。大化元年（六四五）誕生。斉明天皇三年（六五七）で叔父の大海人皇子（天武天皇）と結婚。（略）（壬申の乱を経て）天武天皇は都を飛鳥にかえし、天武天皇二年（六七三）浄御原宮で即位式を挙げ、持統を皇后とする。天武は律令制度をとりいれて中央集権の体勢を推進するが、持統は天武を助けて功績が大きかったと『日本書紀』に伝えられている。朱鳥元年（六八六）の天武の死後は、皇太子の草壁とともに政治をとる。草壁が持統天皇三年（六八九）四月に病死したあと、同年六月に飛鳥浄御原令を施行、翌四年に即位して正式に天皇となり、官制の整備、百官の遷任、庚寅年籍の作成など律令制度の完成に力を尽す。同八年には中国の様式にならって造営した藤原宮に遷都し、薬師寺の造営にも努めた。（略）大宝元年（七〇一）八月『大宝律令』が成り、翌年にかけて施行されるのを見とどけ、翌二年十二月二十二日没する。五十八歳。（略）（直木孝次郎）」

（註．二―二―二）【日本（にほん）】　吉川弘文館『國史大辞典』：「わが国の国号としての「日本」は「ひのもと」の意の漢字表記から生じた。国号としては時期は明らかでないが、大化のころから後で、大宝のころまでのある時期に定められたと考えられる。わが国については、古く数多くの称呼があったが、やがて「やまと」地方が中心となって統一するに及び、「やまと」「おおやまと」などが国号として用いられるようになった。他方、中国ではわが国をさして「委」「倭」などと呼んでいたため、「委」「倭」を「やまと」、「大委」「大倭」を「おおやまと」にあてて用いてきた。その後、「日本」と改め用いるようになっても、わが国ではこれも「やまと」と呼んでいたが、ほかに音読されて「にっぽん」さらに「にほん」が生じて両方の音読が用いられるようになり、現在に及んだものである。（後略）（吉田東朔）」

（註：二－二－三）【天皇（てんのう）】　吉川弘文館『國史大辞典』：「七世紀以降の日本の君主の公式称号、またはその地位についた人（中略）七世紀に入ってそれまでの「おおきみ（大王）」に代わる公式称号として使用されるようになったのであろうが、「古事記」では歴代名をすべて天皇号で統一していない。「すめらみこと」などの国訓が伝えられているが、「てんのう」という音読がいつ始まったかは不明である。（後略）（家永三郎）」

（註：二－二－四）【式年遷宮（しきねんせんぐう）】　吉川弘文館『國史大辞典』：「（略）伊勢神宮に式年遷宮の制が立てられた年次については、朱雀三年、白鳳十三年、同十四年などの説があり一定しないが、天武天皇十四年（六八五）乙酉の歳とするのが妥当であろう。この制度による第一回の式年遷宮は、『大神宮諸雑記』によると、皇大神宮（内宮）は持統天皇四年（六九〇）に、豊受大神宮（外宮）は同六年に行われている。そしてこの当時は前の式年遷宮から二十年目に次期の遷宮が繰り返されていた。（略）（鈴木義一）」

（註：二－二－五）【藤原宮（ふじわらのみや）】　吉川弘文館『國史大辞典』：「古代宮都の一つ。持統天皇八年（六九四）から和銅三年（七一〇）まで、十六年間にわたり営まれていた持統・文武・元明三代の宮都。遺跡は奈良県橿原市（高殿町ほか）にある。それまでの宮室が、天皇一代限りのものであったのに対し、藤原宮に至り、計画的で整然たる都市を伴う、恒常的な施設となった。いうまでもなくそれは、長安や洛陽などの漢魏以来つづいている中国古代都城を模倣して建設されたものである。（略）（狩野　久）」

（註：二－二－六）【律令格式（りつりょうきゃくしき）】　吉川弘文館『國史大辞典』：「（略）我が国においては、律令は七世紀後半から八世紀なかばにかけて編纂施行された。それを年代順に示すと次のとおりである。（一）『近江令』（天智令）通説では天智天皇七年（六八六）制定（略）、（二）『浄御原律令』（天武律令）、通説では、天武天皇十年（六八一）編纂開始、完成時不明、持統天皇三年（六八九）施行（略）、（三）『大宝律令』大宝元年（七〇一）制定（略）、（四）『養老律令』養老二年（七一八）制定（略）。これら四種の律令のうち、『近江令』『浄御原律令』

は逸文すら伝えられず、部分的にその内容が想定されているだけであるが、『続日本紀』の編者が『大宝律令』撰進の日の記事（大宝元年八月癸卯条）において「大略、浄御原朝廷を以て准正とす」（原漢文）と記しつけていることから、少なくとも『浄御原律令』では『大宝令』や『養老令』に見られる諸制の骨格が創出されていたと見られよう。（虎尾俊哉）」

（註.二－二－七）【國史（こくし）】　岩波書店『広辞苑（第五版）』：「①一国の歴史。②わが国の歴史。日本史。」小学館『日本国語大辞典』：「①一国の歴史。②わが国の歴史。また、その記録。③特に、奈良・平安時代に勅命でつくられた六国史《りっこくし》をさす。日本書紀・続日本紀・日本後記・続日本後記・日本文徳天皇実録・日本三代実録の総称。」

【古事記（こじき）】　岩波書店『広辞苑（第五版）』：「現存する日本最古の歴史書。三巻。稗田阿礼《ひわだのあれい》が天武天皇の勅で誦習《しょうしゅう》した帝紀および旧辞を、太安麻呂《おおのやすまろ》が元正天皇の勅により撰録して和銅五年（七一二）に年献上。上巻は天地開闢から国譲りまで。中巻は神武天皇から応神天皇まで。下巻は応仁天皇から推古天皇までの記事を収め、神話・伝説と多数の歌謡とを含みながら、天皇を中心とする日本の統一の由来を物語る。ふることぶみ。」

【日本書紀（にほんしょき）】岩波書店『広辞苑（第五版）』：「六国史のひとつ。奈良時代に完成した日本最古の勅撰の正史。神代から持続天皇までの朝廷に伝わった神話・伝説・記録などを修飾の多い漢文で記述した編年体の史書。三十巻。養老四年（七二〇）舎人親王らの撰。」

【風土記（ふどき）】　岩波書店『広辞苑（第五版）』：「和銅六年（七一三）元明天皇の詔によって、諸国に命じて郡郷の名の由来、地形、産物、伝説などを記して撰進させた地誌。完本に近いものは出雲風土記のみで、常陸・播磨の両風土記は一部が欠け、豊後・肥前のものはかなり省略されていて、撰進された時期も一律ではない。文体は国文体を交えた漢文体。」

（註：二－二－八）【大学寮（だいがくりょう）】　吉川弘文館『國史大辞典』：「①古代の高等教育機関。（和訓：ふんやのつかさ）。中央官人養成のために設けられた。官人が悉く大学寮に学んだわけではなく、実際には一部中下級官人を養成したにとどまった。（略）初見は天武天皇四年（六七五）正月の条（日本書紀）。その前身と考えられる学識《ふんやのつかさ》は同書天智天皇十年（六七一）正月の条に見える。（久木幸男）」

（註：二－二－九）【国学（こくがく）】　吉川弘文館『國史大辞典』：奈良・平安時代に地方豪族子弟の教育のために諸国に設けられた学校。「大宝令」に始まる、学生定員は国の規模により二十～五十人、教官（国博士）は一人で教書を講じ、他に医生（四～十人）を国医師（一名）が教授した。郡司の管理下にあって、教科書・教授法・試験・休暇などは大学寮に準じ、卒業生は大学に進学、または中央の貢挙に応じることができた。（久木幸男）」

（註：二－二－十）【萬葉集（まんようしゅう）】　岩波書店『広辞苑（第五版）』：「現存最古の歌集。二十巻。仁徳天皇皇后の歌といわれるものから淳仁天皇時代の歌（七五九）まで、約三百五十年間の長歌・短歌・旋頭歌など合わせて約四千五百五十九首、漢文の詩・書簡なども収録。編集は大伴家持（七一八頃～七八五）の手を経たもと考えられている。東歌・防人歌なども含み、豊かな人間性にもとづき現実に即した感動を率直に表す調子の高い歌が多い。」

（註：二－二－十一）【白鳳文化（はくほうぶんか）】　吉川弘文館『國史大辞典』：「飛鳥文化と天平文化の中間に位置する時期の文化。（略）飛鳥文化が朝鮮半島の百済・高句麗などから伝来した文化を基盤としていたのに対し、白鳳文化は、飛鳥時代に交通を開いた隋・唐からの中国文化の受容を中心に形成されたところに特色があるといえよう。（略）インドや西南アジアとの交渉を拡大した唐の文化のエキゾチックな色彩がそのまま白鳳文化に受け継がれ、さらに次の天平文化にいっそう著しくなっていく。（略）この時期は、後に『古事記』『日本書紀』となって成書化される日本古来の伝承・記録の編集・改訂の事業が開始されたこと、柿本人麻呂に代表される和歌の芸

術的躍進がのちに編集された『万葉集』の初期の一大高峰を形づくっていることなど、伝統的文化の面でも著しい活況を呈しているのを、重視しなければならない。（略）（家永三郎）」

第三節　天平期の文化政策：聖武天皇・光明皇后　〈第四講〉

藤原京に続いて、平城京に都のあった時代、特に聖武天皇の御代を中心とする時代である。この天平期(註二－三－一)の文化政策は、聖武天皇による、全国への国分寺・国分尼寺の建立(註二－三－二)、大仏建立(註二－三－三)を中心になされた。大仏とは盧舎那仏であり、それは華厳経の本尊、仏国土を普く照らす宇宙的な仏(註二－三－四)である。即ち、仏教の力によってこの国を鎮めようとする護国仏教を推し進めた。その詔にあるように、聖武天皇はこの大仏建立に関わることの功徳を広く国民と分かち合いたいと願われ、その勧進僧に行基を抜擢(註二－三－五)した。開眼供養の仏具および聖武天皇の御物は、東大寺正倉院に納められて、勅封をもって保存され、今日に伝えられて(註二－三－六)いる。

唐の高僧・鑑真が苦難の末に日本に招聘され、東大寺に戒壇を設け、聖武太上天皇・光明皇太后以下に戒を授けられた(註二－三－七)。後に戒律道場として唐招提寺が下賜された(註二－三－八)。

光明皇后は困窮した人々の救済のため悲田院(註二－三－九)、施薬院(註二－三－十)の事業に心を砕かれた。聖徳太子の難波宮の四天王寺に設けられたという施薬院から続く、皇室の施薬救療・慈恵済世の伝統の姿の一端がここに示されている。また皇后は太子への信仰も篤く、法隆寺の東院伽藍の再建にも尽力された(註二－三－十一)。

註釈：

（註：二－三－一）【天平（てんぴょう）】　岩波書店『広辞苑（第五版）』：「奈良時代、聖武天皇朝の年号。七二九～七四九。」【天平時代（てんぴょうじだい）】　同：「奈良時代後期、すなわち平城（奈良）に都のあった和銅三年（七一〇年）から平安遷都の延暦十三年（七九四）までの時代を指す。文化史、特に美術史で、天平年間を最盛期と見ての呼び方。」【天平文化（てんぴょうぶんか）】　同：「天平時代を中心とする奈良時代の文化の称。白鳳期の文化を国家的な規模でとりいれ、建築・彫刻・絵画・工芸などのあらゆる部門で、高度の技術的習練による古典的様式を作り上げ、大陸的・仏教的な特色をもつ。」

【聖武天皇（しょうむてんのう）】

（註：二－三－二）【国分寺建立の詔（こくぶんじこんりゅうのみことのり）】同：「天平十三年（七四一）全国に最勝王教・法華経を根本経典とする国分寺・国分尼寺の創建。」　吉川弘文館『國史大辭典』：「『続日本記』天平十三年（七四一）三月乙巳（二十四日）条（一）にみえ、（一）詔本文と、（二）条例三ヶ条から成る。（略）（井上　薫）」【国分寺】同：「律令国家が鎮護国家（災害・疫病・外敵除去・五穀豊穣）を祈るため、各国（大和・河内・薩摩など）に建てさせた地方の官寺で、（略）各国とあわせて日本全体の鎮護を祈った。（略）（井上　薫）」

（註：二－三－三）【大仏建立の詔（だいぶつこんりゅうのみことのり）】　『続日本紀』「〈読み下し〉（前略）ここに天平十五年歳次癸未十月十五日を以て、*菩薩の大願を発して、盧舎那仏の金銅像一躯を造り奉る。国銅を尽くして象を溶し、大山を削りて以て堂を構へ、広く法界に及ぼして朕が**知識と為し、遂に同じく利益を蒙らしめ、共に菩提を致さしめむ。それ天下の富を有《たも》つものは朕なり。天下の勢を有《たも》つ者も朕なり。この富勢を以て、この尊像を造る。事や成り易き、心や至り難き。（中略）もし、更に、人情《こころ》に一枝の草、一把《ひとすくひ》の土を持ちて像を助け造らむと願ふ者有らば、恣《ほしいまま》に聴《ゆる》せ。」

＊「菩薩の大願」　菩薩とは仏教に帰依し修行する者。その願いとは、仏教を興隆し衆生を救おうという願いのこと。
＊＊「知識《ちしき》」　岩波書店『広辞苑（第五版）』：「②（仏）ア．物事の正邪などを判断する心のはたらき。イ．正しく教え導いてくれる指導者。高僧。善知識。ウ．寄進すること。またその人々。」

（註：二－三－四）【盧舎那仏（るしゃなぶつ）】　岩波書店『広辞苑（第五版）』：「華厳経の本尊。仏国土をあまねく照らす仏。輝きわたるものの意。光明遍照と訳す。華厳経などの教主で、万物を照らす宇宙的存在としての仏。密教では大日如来と同じ。（毘盧遮那仏は新訳華厳経で、盧舎那仏は旧訳華厳経で用いられる）遮那。遍照遮那仏。」

【東大寺の歴史　～聖武天皇の願い～】　『東大寺』ＨＰより：http://www.todaiji.or.jp/contents/history/

〈七～八世紀の東洋の世界〉

七～八世紀の東洋の世界は、唐を中心に善隣友好の国際関係が昇華した時代であった。当時の唐朝は道教を信奉したが、同時に仏教も振興し、帰化僧による仏教聖典の漢訳の盛行もそのひとつの現れであり、各地で仏教寺院が建立され、それぞれの国家の安寧と隆昌を祈願させた。

これらの政策が、わが国で聖武天皇が天平十三年（七四一）に、国分・国分尼寺建立の詔を発する範となったことは周知のところである。

〈八世紀の日本　～東大寺の前身寺院～〉

奈良時代は華やかな時代であると同時に、政変・かんばつ・飢饉・凶作・大地震・天然痘の大流行などが相次ぎ、惨憺たる時代であった。このような混乱の中、神亀元年（七二四）二月、聖武天皇が二十四歳で即位し、待ちのぞんでいた皇太子基親王が神亀四年（七二七）十月五日に誕生する。ところが、神亀五年（七二八）九月十三日、基親王は一歳の誕生日を迎えずして夭折する。聖武帝は、すぐに親王の菩提を追修するため金鐘山寺を建立（同年十一月）し、良弁（のちの東大寺初代別当）を筆頭に智行僧九人を住持させた。

天平十三年（七四一）に、国分寺・国分尼寺（金光明寺・法華寺）建立の詔が発せられたのに伴い、この金鍾山寺が昇格して大和金光明寺となり、これが東大寺の前身寺院とされる。

〈盧舎那仏の創立〉

天平十二年（七四〇）二月、河内国知識寺に詣でた聖武天皇は、『華厳経』の教えを所依とし、民間のちからで盧舎那仏が造立され信仰されている姿を見て、盧舎那大仏造立を強く願われたという。とは言え、造立する前に『華厳経（大方広仏華厳経）』の教理の研究がまず必要であった。

『華厳経』の研究（華厳経講説）は、金鍾山寺（羂索堂）において、大安寺の審祥大徳を講師として、当時の気鋭の学僧らを集め、良弁の主催で三カ年を要して天平十四年（七四二）に終了した。この講説により、盧舎那仏の意味や『華厳経』の教えが研究され、天平十五年（七四三）十月十五日に発せられた「大仏造顕の詔」に、その教理が示されたのである。もちろん、教理の研究と平行して巨大な仏像の鋳造方法や相好なども研究された上でのことであったことは言うまでも無い。

天平勝宝四年（七五二）四月に「大仏開眼供養会」が盛大に厳修され、その後も講堂・東西両塔・三面僧房などの諸堂の造営は、延暦八年（七八九）三月の造東大寺司の廃止まで続行された。

盧舎那仏の名は、宇宙の真理を体得された釈迦如来の別名で、世界を照らす仏・ひかり輝く仏の意味。左手で宇宙の智慧を、右手に慈悲をあらわしながら、人々が思いやりの心でつながり、絆を深めることを願っておられる。

〈東大寺の創建〉

国家の災害・国難などを消除することを説く『金光明最勝王経』の具現が国分寺の建立となり、さらに発展して、世界に存在するあらゆるものは、それぞれの密接な相関関係の上に成り立ち、平和で秩序ある世界を形成していると説いている『華厳経』の教理の実現が、東大寺の創建につながっていったと言えよう。

東大寺の正式名称は、「金光明《きんこうみょう》四《し》天王《てんのう》護国《ごこく》之《の》寺《てら》」と言う。当初、紫香楽宮において造仏工事が開始されるが、山火事が頻発し地震の続発などにより、平城京に還ることを決意、天平十七年（七四五）八月、大仏造顕の工事は金鍾山寺の寺地で再開されることになった。金鍾山寺では、先の「華厳経講説」の後、天平十五年（七四三）正月から三月にかけて『最勝王経』の講讃が、四十九人の学僧を招いて行なわれるなど、当時の仏教界をリードする活発な宗教活動や研究が行なわれていた。

（註：二－三－五）【行基（ぎょうき）】　朝日新聞社『朝日日本人物辞典』：「六六八～七四九。奈良時代の僧。（略）河内国（大阪府）大鳥郡蜂田郷（のち和泉国に属す）の生まれ。天武十一年（六八二）十五歳で出家。（略）やがて広く各地を周遊し、布教活動を行って多くの信者を得た。しかし養老元年（七一七）政府から名指しで糾弾された。しかし、このとき還俗とか流刑といった具体的な刑罰は科されなかった。行基は（略）これまでの路上活動から院を中心とする活動に転換していった。同七年、三世一身法が発布されると、これに対応して池造りなど灌漑事業に取り組み、また船息（港）、橋、布施屋（旅人の休息所）を多数造立した。（略）彼の集団に加わる信徒は千人を超えた。（略）天平十五年には東大寺大仏建立のため勧進活動を行い、同十七年には大僧正に任じられ、四百人の官度が与えられた。天平勝宝元年（七四九）死去。その道場は畿内に四十余所、行基四十九院と呼ばれている。死後、行基信仰が発生した。（吉田一彦）」

（註：二－三－六）【正倉院（しょうそういん）】　『宮内庁』HPより：「八世紀の中頃、奈良時代の天平勝宝八歳（七五六）六月二十一日、聖武天皇の七七忌の忌日にあたり、光明皇后は天皇の御冥福を祈念して、御遺愛品など六百数十点と薬物六十種を東大寺の本尊盧舎那仏（大仏）に奉献されました。皇后の奉献は前後五回におよび、その品々は同寺の正倉（現在の正倉院宝庫）に収蔵して、永く保存されることとなりました。これが正倉院宝物の起りです。そして、大仏開眼会をはじめ東大寺の重要な法会に用いられた仏具などの品々や、これより二百年ばかり後の平

安時代中頃の天暦四年（九五〇）に、東大寺羂索院の倉庫から正倉に移された什器類などが加わり、光明皇后奉献の品々と併せて、厳重に保管されることとなったのです。正倉院宝物は、このようにいくつかの系統より成り立っています。（略）」

（註・二－三－七）【鑑真（がんじん）】　岩波書店『広辞苑（第五版）』：「唐の学僧。揚州江陽県の人。日本の律宗の祖。戒律・天台教学等を習学。入唐僧宋叡《ようえい》らの請により暴風・失明などの苦難をおかして天平勝宝五年（七五二）来日、東大寺に初めて戒壇を設け、聖武上皇以下に授戒。のち戒律道場として唐招提寺を建立。大和上《だいわじょう》の号を賜う。淡《おふ》海三船《みのみふね》に、その来日の顛末を記した「唐大和上東征伝」がある。唐大和上。（六八八～七六五）」

（註・二－三－八）【唐招提寺（とうしょうだいじ）】　『唐招提寺』HPより：「唐招提寺は、南都六宗の一つである律宗の総本山です。多くの苦難の末、来日をはたされた鑑真大和上は、東大寺で五年を過ごした後、新田部《にたべ》親王の旧宅地（現在の奈良市五条町）を下賜されて、天平宝字三年（七五九）に戒律を学ぶ人たちのための修行の道場を開きました。「唐律招提」と名付けられ鑑真和上の私寺として始まった当初は、講堂や新田部親王の旧宅を改造した経蔵、宝蔵などがあるだけでした。金堂は八世紀後半、鑑真和上の弟子の一人であった如宝の尽力により、完成したといわれます。現在では、奈良時代建立の金堂、講堂が天平の息吹を伝える、貴重な伽藍となっています。」

（註・二－三－九）【悲田院（ひでんいん）】　平凡社『世界大百科事典』：「奈良・平安時代に、身寄りのない貧窮の病人や孤児などを修養した公設の救護施設。養老七年（七二三）奈良の興福寺に施薬院とともに設けられたのが初見で、その後諸大寺に設けられ、天平二年（七三〇）光明皇后によって皇后宮職に悲田、施薬の両院制が公設され、奈良・平安時代を通じ救療施設の中心となった。仏教の博愛慈恵の思想にもとづいてはいるが、唐の開元の制度に倣った施設で、悲田院の名称も唐制の踏襲である。」

（註・二－三－十）【施薬院（せやくいん）】　平凡社『世界大百科事典』：「仏教伝来にともない、その慈悲の教義から、私的あるいは国の予算で設けられた貧民の生活医療保護施設の一つ。薬草を栽培したり、薬を蓄えて貧病者に施与するのを主目的とした。推古元年（五九三）、聖徳太子が難波の四天王寺を建立したとき、その付属の四箇院の一つとして設けたと伝えられるが確かではなく、養老七年（七二三）奈良興福寺に建てたのが最初とされる。天平二年（七三〇）には光明皇后が皇后宮職に施薬院を設けている。〈薬院（やくいん）〉ともいう。

（註:二－三－十一）【法隆寺・東院（とういん）伽藍（がらん）の再建】 吉川弘文館『國史大辞典』:「（法隆寺）東院については、天正十一年行信が斑鳩宮の跡地に上宮王院夢殿を創立し太子等身像と伝える救世観音像（飛鳥時代）を安置、太子の遺品を光明皇后・橘古那可智・行信みずから奉納したことが天平宝字五年（七六一）の『法隆寺東院縁起仏教幷資材条』にみえる。当時東院は法隆寺と別の寺だったが法隆寺に吸収される。平安時代後期より太子信仰が高まり絵伝や太子像の造顕、聖霊会《しょうりょうえ》の始行、一切経写経の発願などを行う。（町田甲一）」

第四節: 平安期の文化政策:国風文化 〈第五講〉

桓武天皇により、旧仏教寺院は南都に残されたまま、都は平安京（註:二－四－一）へ遷都され、政治および文化の再生が図られる。新たに天台宗・真言宗の二つの密教が招来されて新しい教えとして多くの人々が帰依し、（註:二－四－二）これまでの神道と仏教との習合も一段と深まってゆく。（註:二－四－三）平安期の初期には唐の影響を受けていた習俗も、遣唐使が廃止されたころ（註:二－四－四）から、我が国独自の文化「国風文化」が成熟していく。（註:二－四－五）仮名文字の使い手であった宮廷女性たちによって優れた「仮名文学」が著され、（註:二－四－六）和歌《やまとうた》が美意識と教養の中核として隆盛し、勅選和歌集が選定されていくに至って、（註:二－四－七）朝廷を中心とした優雅なる王朝文化がここに成熟する。

やがて律令制による地方統治は綻《ほころ》んでいき、東国を中心に武家の抬頭を許すこととなる。末法思想を背景として（註：二ー四ー八）阿弥陀仏信仰も盛んとなる中（註：二ー四ー九）、摂関政治を牽制しようとした院政政権は（註：二ー四ー十）、武家の台頭を招き、平家一門の武断的独裁政権から、源頼朝による内乱平定と、新しい秩序の構築へと向かっていく（註：二ー四ー十一）。

註釈：

（註：二ー四ー一）【平安京（へいあんきょう）】　吉川弘文館『國史大辞典』：「延暦十三年（七九四）に鄭《さだ》められた日本の首都。形式的にそれは明治二年（一八六九）の東京遷都まで首府であり続けたが、律令制的な宮都として繁栄したのは、承久二年（一二二〇）までであって、その時代から京都という名称が平安京の語に替わってもっぱら行われるようになった。平安京の特色は、先行した藤原・平城・長岡の諸京と同様に、範を唐の長安城にとり、整然とした碁盤目状で左右対称的な都市平面をなしていること、都鄙の四周に羅城《じょうへき》を廻らしていないこと、宮城が都の北辺中央に位置していること（北闕《ほっけつ》制）、都の中に野戦能力をもつ軍団の設営がみられなかったことである。」

（註：二ー四ー二）【密教（みっきょう）】　吉川弘文館『國史大辞典』：「人間の理性では把握しえない秘密の教え。顕教に対する語であるが、一般にはより広く、神秘的、儀礼的、象徴的、実践的な宗教の意味に用いられる。インド大乗仏教の中におこり、七世紀には思想、修法両面において整備されたが、その中にはバラモン教文化、ヒンドゥー教文化が積極的に摂取されている。中国には唐代に朝野の尊崇を集めて栄えたが、唐末より衰退した。九世紀初め、空海は長安の青竜寺の恵果よりインド伝来の密教を授けられて帰国し、真言宗を開いた。（略）最澄は越州の竜興寺の順暁より密教を受け、帰国後、天台宗を開いた。（中野玄三）」

（註：二ー四ー三）【神仏習合（しんぶつしゅうごう）】　吉川弘文館『國史大辞典』：「わが国の神祇信仰と仏教が接触、

混融して独特の行法・儀礼・教義を生み出した宗教現象をいう。（略）日本では千年以上の長きにわたり複雑な混淆・折衷が続けられた結果、神仏両宗教ともわが国の歴史的風土に最も適合した形へと変化し、独自の習合文化を生み出した。（村山修一）」

（註：二－四－四）【遣唐使廃止（けんとうしはいし）】　吉川弘文館『國史大辞典』：「（遣唐使は）七世紀前半から九世紀にかけて、日本から唐に派遣された公式の使節。舒明天皇二年（六三〇）を最初としおよそ二十回の任命があり、うち十六回が実際に渡海している。（略）平安時代にも延暦二十二年（八〇四）と承和五年（八三八）の二回にわたって遣使されたが、それ以降はまったく中断した。これは使の目的の実効性の喪失、政府の財政難などによるが、新羅との公的外交が宝亀十年（七七九）に終り、唐も安史の乱（七五五～六三）後、次第に衰運に向かいつつあったので、遣使の外交政策上の意義もなくなってきたためである。また平安時代前期以降活発に行われるようになった唐人・新羅人商人との私貿易により経済上の欲求も満たされるようになった。こうして寛平六年（八九四）大使に任命された菅原道真が、唐の擾乱や新羅海賊による航海の困難などを理由に停止を要請し、それが承認されると、遣唐使の制は行われないまま廃絶した。（鈴木靖民）」

（註：二－四－五）【国風文化（こくふうぶんか）】　吉川弘文館『國史大辞典』：「平安時代前期、主として九世紀の文化が唐風文化といわれるのに対して、十世紀以降に発達した文化をいう。唐風文化そのものが衰えたのではなく、その意味ではむしろ十分に血肉化された唐風文化を基盤として開花したものである。仮名文字の発達に伴う国文学の隆盛は、その代表であるが、宗教界の事実としては、浄土教の興隆がそこに大きく影響したと考えられている。十世紀末から十一世紀初頭、藤原氏の全盛時代がこの国風文化の絶頂期にあたり、『源氏物語』や『枕草紙』などの制作、『往生要集』の撰述、法成寺や平等院の建立、定朝様の彫刻、来迎図などの盛行、また貴族の住宅における寝殿造、さらに仏画以外では大和絵の発達がその代表例として考えられる。一方、十世紀の半葉に、破格の漢

文といわれる『将門記』の制作があり、これがのちの和漢混淆文を生む素地をなしたのではないかと思われる点など、国風文化研究の今後の課題の一つになるであろう。（川崎　庸之）」

（註・二―四―六）【仮名（かな）】　岩波書店『広辞苑（第五版）』：「漢字から発生した、日本固有の音節文字。広義には万葉仮名・草仮名・平仮名・片仮名、狭義には後の二つをいう。万葉仮名は主に漢字の音訓で国語を写し、平仮名・片仮名は平安初期に万葉仮名をもとにしてできた。やまともじ。仮名文字。⟷真名《まな》。」

（註・二―四―七）【勅選和歌集（ちょくせんわかしゅう）】　小学館『日本国語大辞典』：「天皇の宣旨または上皇や法皇の院宣によって編纂された公的な和歌集。私的な編纂物である私撰和歌集に対する。「古今和歌集」から「新続古今和歌集」に至る二十一代集がある。下命を受けた撰者が和歌を撰定し、部類に分け、清書して奏上することによって成立する。「続詞花集」のように宣旨を受けながら天皇の崩御によって勅撰和歌集にならなかったもの、「新葉和歌集」のように後に宣旨によって勅撰和歌集に準ぜられたものもある。勅選集。勅選歌集。」

（註・二―四―七）【古今和歌集（こきんわかしゅう）】　小学館『日本国語大辞典』：「平安初期の最初の勅選和歌集。二十巻。延喜五年（九〇五年）醍醐天皇の勅命により、紀貫之、紀友則、凡河内躬恒、壬生忠岑の撰。延喜十四年頃の成立とされる。読み人知らず歌と六歌仙、撰者らおよそ一二七人の歌一一一一首を、四季、恋以下一三部に分類して収めたもの。貫之の仮名序と紀淑望執筆の真名序が前後に添えられている。」

古今和歌集・仮名序

やまと歌《うた》は、人の心を種《たね》として、万《よろづ》の言《こと》の葉《は》とぞ成《な》れりける。世中《よのなか》に在《あ》る人、事《こと》、業《わざ》、繁《しげ》きものなれば、心に思《おも》ふ事《こと》を、見るもの、聞くものに付《つ》けて、言《い》ひ出《いだ》せるなり。花に鳴く鶯《うぐいす》、水に住《す》む蛙《かはづ》の声《こゑ》を聞けば、生きとし生けるもの、いづれか、歌《うた》を詠《よ》まざりける。力《ちから》をも入れずして、天地《あめつち》を動かし、目に見えぬ鬼神をも哀《あは》れと思《おも》はせ、男女《おとこをむな》の仲《なか》をも和《やは》らげ、猛《たけ》き武人《もののふ》の心をも慰《なぐさ》むるは、歌なり。

新日本古典文学大系　五　「古今和歌集」（岩波書店、一九八九）P4　より。

（註：二－四－八）【末法思想（まっぽう）】　吉川弘文館『國史大辞典』：「釈迦の入滅後、仏教は正法・像法・末法の三時を経過して衰滅するという思想。下降史観、終末観の一種。正法とは、教（釈迦の教説）・行（正しい教えの実践）・証（実践の結果得られるさとり）の三つが具《そな》わった時代、像法（像は似ているという意味）は、教・行はあるが証を得る者はなくなる時代をいい、さらに、末法は、教だけしかない時代をいう。（略）三時の説は、経・律などの中に見られるが、もとは仏教の信徒の間に起った怠惰の風潮を戒めるための教説であった。（略）もとは修行者のあり方を正すために説かれていた三時の説が、現実の社会の頽廃、秩序の崩壊を説明する思想となっていった。危機意識を伴う時代思想となった末法思想は、（略）永承七年（一〇五二）に末法の時代に入ってのち、末法を思わせる社会現象が続出し、自然災害も相ついで起る中で、無常観や厭世観が広まり、浄土教が盛んになった。（略）（大隅和雄）」

（註：二－四－九）【阿弥陀仏信仰】　吉川弘文館『國史大辞典』：「（念仏）（略）後世浄土教における念仏の基礎になったのは、源信の『往生要集』である。（略）源信は、日常の念仏を尋常念仏、特定の時期・場所を決めて行うのを別時念仏、死を控えて仏の来迎をまつものを臨終念仏として三種に分けている。しかし念仏そのものは観念を重視したものである。浄土教では念声是一といって、観念よりも称念を重んじ、阿弥陀仏の相を観ずるのを観仏といい、阿弥陀仏の名を称えることを念仏といっている。浄土宗の宗祖法然坊源空が源信の説に導かれたことは大きい（略）阿弥陀仏を念じて、その浄土に往生したいと願う弥陀念仏が、念仏を代表するようになった。この口称念仏は易行《いぎょう》門として布教されたために、多くの信者を獲得するようになった。（玉山成元）」

（註：二－四－十）【院政（いんせい）】　吉川弘文館『國史大辞典』：「上皇が親《みず》から国政をとる政治形態。十一世紀末白川上皇にはじまり、十九世紀光格上皇の崩御に至るおよそ七百年間断続した。院政は摂関政治、あるいは武家

政治と異なり、天皇の委嘱手続きもなく、したがって天皇の機能を代行するものでもない。譲位した上皇が、天皇の直系尊属親としての親権にもとづく恣意によって行われたものである。院政を行う上皇を『治天の君』と呼ぶ。譲位後の上皇が国政に介入することは、すでに奈良時代以来間々みられ、孝謙上皇・平城上皇・宇多上皇などは特に著しかったが、それらは国政の一部に過ぎず、また独自の権力機構もなく、院政とは呼ばない。『愚管抄』に、後三条上皇が藤原氏掣肘の目的で譲位後も政治をおこなおうとしたと説いて以来、後三条上皇院政開始説が長く信ぜられたが、確証はない。ただ天皇に藤原氏掣肘の意図のあったことは確かであり、その後嗣に摂関家の外孫がなることをさけるために白川天皇の譲位し、その東宮に源氏所出の第二皇子実仁親王、次に同第三皇子輔仁親王を予定して封じたが、白川天皇は、後三条上皇の遺志を無視して、自分の児孫に皇位を伝えようと欲し、東宮実仁親王の没後に、輔仁親王をさしおいて、幼少の皇子善仁親王を東宮に立てて、即日に譲位し（堀川天皇）、その後見として次第に政治に発言し、やがて政務万般に及んだ。堀川天皇崩じ、その皇子鳥羽天皇が即位したが、これまたわずか四歳の幼童であったので、引き続いて政務にあたった。（略）（竹内理三）」

（註：二－四－十一）【治承・寿永の乱（ちしょうじゅえいのらん）】　吉川弘文館『國史大辞典』：「治承四年（一一八〇）に始まり、約十年間にわたり全国的に展開された戦乱。平清盛を中心とする平家一門の武断的独裁政治に対する旧貴族・寺院・地方武士など諸勢力の反撥をきっかけに勃発し、源頼朝の武力による戦乱の終息に至るという経過をたどったため、表面上は源平両氏の相剋、すなわち源氏・平家という武家棟梁の覇権争いという形姿をとって進行した内乱であった。（略）この戦乱が中世の開幕をつげる内乱である、いわゆる武家政権を生み出す胎動の時期であったという歴史的事実は否定されない。（略）たしかに巨視的に見れば、この内乱は古代的支配体制の下における諸矛盾の激化により支配の破綻が生じて来た時期に、これを克服して新しい体制を生み出さんとする歴史的苦悩のための動乱期とみることができる。（略）（安田元久）」

第五節・鎌倉期の文化政策　〈第六講〉

源氏の棟梁である源頼朝が朝廷より征夷大将軍の役職を授かり、鎌倉に幕府を開く。(註二－五－一)諸国の治安は、幕府が任命した守護・地頭によってなされ、武家の立場が安定したが、しかし依然として国の政治は都の天皇および朝廷によってなされていた。(註二－五－二)頼朝は、新しい武家政治の質実剛健な規範を示し、神仏を敬い、八幡宮を勧進し、(註二－五－三)南都東大寺の復興に努めつつ、(註二－五－四)京に六波羅探題を置いて朝廷を牽制した。(註二－五－五)承久の変を経て、(註二－五－六)三代執権の北条泰時は「御成敗式目」(註二－五－七)を発布し、諸国の武家に対して実質的に国の統治を朝廷より預かっている自覚をもっての規律を求めた。

法然によって説かれた念仏往生は親鸞に引き継がれ、(註二－五－八)多くの民衆の帰依を得た、また栄西および道元により禅宗が紹介されて、(註二－五－九)これも武家の気質に適応し、貴賤を問わず信仰を集めた。日蓮は法華経を掲げて我が国の眼目となることを請願し、(註二－五－十)元寇を警告した。その後の二度にわたる元寇の侵略を武者たちが筑紫において神風と共にくい止めたことは、鎌倉幕府による武家政権の最大の勲功であった。(註二－五－十一)

平家物語など、武家のあっぱれな、あわれな、軍記物語が琵琶法師によって語られ、(註二－五－十二)和歌の幽玄は新古今和歌集に結実し、(註二－五－十三)人々の無常観は随筆「方丈記」「徒然草」等に著された。(註二－五－十四)

注釈：

（註二－五－一）【鎌倉幕府（かまくらばくふ）】　岩波書店『広辞苑（第五版）』：「鎌倉に開いた日本最初の武家政権。」【鎌倉時代（かまくらじだい）】同：「源頼朝が鎌倉に幕府を開いてから、元弘三年（一三三三）北条高時の滅亡に至るまで約百五十年間の称。」【鎌倉時代文学】同：「鎌倉時代に造られた文学。内容・思想・文体などの上で、公家的な平安時代文学から、武家的・庶民的な室町時代文学への過度期的な色彩もあり、和歌における新古今集や金槐和歌集、随筆の方丈記と徒然草、保元・平治・平家などの軍記物語、数多くの説話集などは特に代表的。和漢混淆文の発達と仏教思想、特に無常観の浸透も注目される。」

（註二－五－二）【鎌倉期の政治】　吉川弘文館『國史大辞典』：「（鎌倉時代）この時代における国家全体の支配者は朝廷であり、武家はその下で「諸国守護」（国家的軍事・警察）を担当しているが、このような政治形態の原型は、平安時代後期につくられ、院政の成立以来本質的に変化しておらず、ただ鎌倉幕府の成立によって、武士の地位が安定、強化されたにすぎない。また貴族的荘園領主と武家的在地領主との相互対立、相互補完による支配組織である荘園体制も、平安時代後期における寄進地系荘園の成立以来、幕府における地頭設置後といえども、本質的な変化を見ていない。（上横手雅敬）」

（註二－五－三）【八幡宮（はちまんぐう）】　吉川弘文館『國史大辞典』：「大分県宇佐市南宇佐鎮座の宇佐神宮に始まる神社。（略）祭神は八幡大神・大帯比売（おおたらしひめ）神。（略）平安時代には神仏習合思想が一般化し八幡神は宮寺化が完成、司祭も別当僧のみとなる。（略）行政の石清水八幡宮の勧請となる。（略）八幡神が源氏の氏神となると、合戦のたびごとに八幡宮が勧請され、東北にまで伝搬した。康平六年（一〇六三）相模国由比浜、ついで鶴岡に勧請されると、鎌倉御家人たちは全国各地に勧請し、そのなかには若宮もあった。室町時代以降は、神は八幡といわれるほどとなり、幅広い人々、講などの勧請、または開拓地・水溝地などの守護神として、農耕神ともなった。こうして広がった八幡宮は旧村社以上で四万余社が判明している。（略）（中野幡能）」

（註・二－五－四）【南都（なんと）東大寺の復興】　『東大寺』ＨＰ、鎌倉期再建より：「（略）しかも治承四年（一一八〇）に、平重衡の軍勢により、大仏殿をはじめ伽藍の大半が焼失した。しかし翌年には、大勧進に任命された俊乗房重源によって復興事業が着手され、鎌倉幕府、特に源頼朝の全面協力を得て、文治元年（一一八五）に後白河法皇を導師として「大仏開眼供養」が行なわれた。重源自身が当時の中国から移入した最新の建築様式大仏様《だいぶつよう》の代表建築である南大門が威容を誇り、運慶・快慶ら慶派仏師集団の造像になる仁王像は、近年解体修理を受け、堂々たる姿を今に伝える。翌、文治二年に周防国が東大寺造営料所に当てられてから復興事業は着々と進み、建久六年（一一九五）に「大仏殿落慶供養」が営まれ、東塔も十三世紀前半に完成した。こうした復興に伴い、教学活動も活発になり鎌倉時代にも多くの学僧が輩出した。」

（註・二－五－五）【六波羅探題（ろくはらたんだい）】　岩波書店『広辞苑（第五版）』：「鎌倉幕府が京都守護に代って六波羅に置いた機関。また、その長の職名。朝廷の監視および尾張・加賀以西の諸国の政務・裁判を総轄するため、北・南に分れて駐在。承久の乱後、北条氏一門から選任され、大事は鎌倉の指揮を受け、小事は専断した。六波羅殿。初名、六波羅守護。」

（註・二－五－六）【承久の乱（じょうきゅうのらん）】　吉川弘文館『國史大辞典』：「承久三年（一二二一）後鳥羽上皇とその近臣たちが鎌倉幕府を討滅せんとして挙兵、逆に大敗、鎮圧された事件。大義名分論、順逆論の立場からは「承久の変」ともいい、第二次世界大戦中はほぼ「変」に統一されたが、中世以来、乱・合戦などと称するほうがむしろ一般的である。（略）（杉橋隆夫）」

（註・二－五－七）【御成敗式目（ごせいばいしきもく）】　岩波書店『広辞苑』：「貞永元年（一二三二）北条泰時が承久の乱の当面する政治・法制の諸問題に対処するために編纂した五十一ヶ条の法典。室町時代に至るまで武家の根本法。江戸時代には習字手本として民間に普及。貞永式目《じょうえいしきもく》。」

第一条

一、神社を修理し、祭祀を専らにすべき事　（神社を修理して祭りを大切にすること）

右、神は人の敬ひによつて威を増し、人は神の徳によつて運を添ふ。然れば則ち恒例の祭祀は陵夷《りょうい》（＝衰退）を致さず、如在《にょざい》（＝神を祭る）の礼奠《れいてん》（＝供物）は怠慢せしむるなかれ。これによつて関東御分の国々ならびに庄園に於ては、地頭神主ら各《おのおの》その趣を存し、精誠を致すべきなり。兼てまた有封《うふ》（＝封戸のある）の社に至つては、代々の符（＝太政官符）に任せ、小破の時は且《かつがつ》修理を加へ、もし大破に及び子細を言上せば、その左右《さう》（＝状況）に随てその沙汰（＝指示）あるべし。

（神は敬うことによって霊験《れいげん》があらたかになる。神社を修理してお祭りを盛んにすることはとても大切なことである。そうすることによって人々が幸せになるからである。また、供物《くもつ》は絶やさず、昔からの祭りや慣習をおろそかにしてはならない。関東御分国《かんとうごぶんこく》にある国衙領《こくがりょう》や荘園《しょうえん》の地頭と神主はこのことをよく理解しなければならない。神社を修理する際に領地を持つ神社は小さな修理は自分たちで行い、手に負えない大きなものは幕府に報告をすること。内容を調べた上で良い方法をとる。）

第二条

一、寺塔を修造し、仏事等を勤行すべき事　「寺や塔を修理して、僧侶としてのつとめを行うこと」

右、寺社異なると雖も崇敬これ同じ。よつて修造の功、恒例の勤め、宜しく先条に准じ後勘《こうかん》（＝後日の咎め）を招《まね》ぐことなかるべし。但し恣《ほしいまま》に寺用を貪り（＝私用に回して）、その役を勤めざるの輩に於ては、早く彼の職を改易せしむべし。

僧侶は寺や塔の管理を正しく行い、日々のおつとめに励《はげ》むこと。寺も神社も人々が敬うべきものであり、建物の修理とおつとめをおろそかにせずに、後のち非難《ひなん》されるようなことがあってはならない。また、寺のものを勝手に使ったり、おつとめをはたさない僧侶は直ちに寺から追放すること。

「玉川学園・多賀歴史研究所ＨＰより」

http://www.tamagawa.ac.jp/sisetu/kyouken/kamakura/goseibaishikimoku/#jisya

（註．二－五－八）【念仏宗】　岩波書店『広辞苑（第五版）』：「阿弥陀仏の救いを信じ、その仏名を称えて、浄土に往生することを願う仏教宗派。融通念仏宗・浄土宗・浄土真宗・時宗など。念仏門。」

（註．二－五－九）【禅宗】　吉川弘文館『國史大辞典』：「坐禅宗の略。また教宗に対して禅宗という。達磨を開祖とすることにより達磨宗といい、仏の心印を伝える宗旨という意味で仏心宗ともいう。中国仏教十三宗の一つ。日本仏教十三宗の一つ。（略）禅宗の起源は、釈迦牟尼仏の大悟に基づくが、禅宗によれば、この仏の大悟の内容がインドで代々の祖師に伝えられ、二十八伝して達磨に至り、達磨によってインドから中国へ伝えられたとする。（略）本格的は禅が日本に伝えられたのは、文治三年（一一八七）入宋して虚庵懐敞から臨済宗黄竜派を伝えた明庵栄西にはじまる。栄西は、帰朝してのち京都に建仁寺、鎌倉に寿福寺を開いた。栄西について、道元は貞永二年（一二二三）に入宋して、天竜如浄から曹洞宗を伝えた。（略）（鏡島元隆）」

（註．二－五－十）【日蓮（にちれん）】　吉川弘文館『國史大辞典』：「一二二二～八二。鎌倉時代の僧。日蓮宗の開祖。安房国長狭郡東条郷片海に生まれる。（略）天台寺院清澄寺に登り、嘉禎三年（一二三七）得度。（略）鎌倉さらに京畿に留学。日蓮は法華経をよるべき法とする法華至上主義に到達、その一方、反浄土教の立場をとっていた。建長四年（一二五二）のころ清澄寺に帰り、法華信仰弘通を開始。教団ではこれを立教開宗とする（略）（高木豊）」。

【日蓮宗（にちれんしゅう）】　吉川弘文館『國史大辞典』：「現在の法制上では、身延久遠寺を総本山とする宗教団体をさすが、歴史的には、中世、鎌倉時代の日蓮の教えを継承、実践してきた宗教集団の総称である。同様な意味で、法華宗ともよばれ、自称もしていた。弘安五年（一二八二）、日蓮は日昭・日朗・日興・日向・日頂・日持を本弟子（六老僧）に指名した。（略）（高木　豊）」

なお、伊勢の本学の近く、倭姫命御陵の北麓、御幸道に沿った所に、日蓮上人が天照大神に三大誓願「我、日本の柱とならん。我、日本の眼目とならん。我、日本の大船とならん」を立てた聖地が祀られている。

（註：二－五－十一）【元寇（げんこう）（＝文永・弘安の役（ぶんえいこうあんのえき）】　吉川弘文館『國史大辞典』：「文永十一年（一二七四）・弘安四年（一二八一）の二回にわたるモンゴル（元）の日本来攻。通例元寇といっているが、この時代には蒙古（異国・異賊）襲来、異国来征、蒙古（異国）合戦、さらには文永十一年蒙古合戦、弘安四年蒙古合戦と呼ばれていた。（略）（川添昭二）」

（註：二－五－十二）【琵琶法師（びわほうし）】　小学館『日本国語大辞典』：「琵琶を弾く盲目、僧体の人。琵琶の演奏により経文を唱えた盲僧の流れと、琵琶の伴奏により叙事詩を謡った盲目の放浪芸人の流れがあり、後者は鎌倉中期以降、もっぱら平家物語を語るようになった。びわの法師。」

（註：二－五－十三）【新古今和歌集（しんこきんわかしゅう）】　吉川弘文館『國史大辞典』：「第八番目の勅選和歌集。撰集下命者後鳥羽院、撰者源通具・藤原有家・藤原定家・藤原家隆・藤原雅経・寂蓮（中途にて寂す）。二十巻。歌数約二千首。仮名序藤原良経、真名序藤原親経作。（略）（後藤重郎）」

（註：二－五－十四）【方丈記（ほうじょうき）】　岩波書店『広辞苑（第五版）』：「鎌倉初期の随筆。鴨長明著。一巻。建暦二年（一二一二）成る。仏教的無常観を貴重に種々実例を挙げて人生の無常を述べ、ついに隠遁して日野山の方丈の庵に閑居するさまを記す。簡潔・清新な和漢混淆文の先駆。略本がある。」【徒然草（つれづれぐさ）】同：「鎌倉時代の随筆。二巻。作者は兼好法師。出家前の延慶三年（一三一〇）頃から元弘元年（一三三一）にかけて

断続的に書いたものか。「つれづれなるままに」と筆を起す序段のほか、種々の思索的随想や見聞など二四三段より成る。名文の誉れ高く、枕草子と共にわが国随筆の双璧。」

【鎌倉期の文化】　吉川弘文館『國史大辞典』：「（鎌倉時代）文化の面でも、鎌倉時代には貴族文化が優勢であり、ただ武士の台頭に刺戟された貴族文化の革新と、武士による貴族文化の摂取がみられたにすぎない。しかも朝廷・幕府などの公権力は、貴族・社寺、それに在地領主の支配の内部には干渉できなかったため、この時代には単に公武の二元的対立にとどまらず、多元的に分裂した支配が存在した。」

第六節　室町期の文化政策

〈第七講〉

建武の新政に続く、南北朝の内乱を経つつ、(註二－六－一) 京に新たな武家政権たる足利幕府が置かれた。(註二－六－二) 三代将軍の義満に至って南北両朝は和睦し合一した。(註二－六－三) 派手な行いのバサラ大名たちと公家衆による香寄合や茶寄合などが盛んに興じられた。(註二－六－四) また観阿弥・世阿弥親子の京・今熊野での猿楽が将軍の目にとまり、その後の能の発展につながっていく。(註二－六－五) 北山第（後の金閣寺）に後小松天皇の行幸を仰ぎ、新旧の遊びでもてなしている。(註二－六－六) 美術顧問役の同朋衆《どうほうしゅう》たちが庭・書画・座敷飾・茶・花・香などの演出で活躍し、(註二－六－七) その後の諸芸道の嚆矢となる。八代将軍の義政の折に応仁の乱が勃発、(註二－六－八) 京の町は灰燼に帰した。公家や連歌師たちなどは各地方の守護大名を頼って地方に疎開し、それが各地への京文化の伝播につながった。(註二－六－九) 枯淡冷厳を好む「寂《さ》び《び》」(註二－六－十) の美意識は、義政の東山第（後の銀閣寺）にちなんで東山文化(註二－六－十一) と呼ばれる文化に色濃く浸透し、やがて珠光《しゅこう》による茶之湯（＝侘び茶）を生んでいく。(註二－六－十二)

さらなる幕府の衰退により、世は守護大名による群雄割拠、その家臣たちによる下剋上など、戦国期の様相を呈し、天下の再統一が待望されていく。

註釈：

（註：二－六－一）【南北朝の内乱】　吉川弘文館『國史大辞典』：「十四世紀の三十年代から約六十年間にわたって、南北両朝の擁立を名目に、貴族・武士が対立・抗争をくり返り、広範な民衆をまきこんで、日本列島の各地で展開した戦乱。内乱の過程で、物的結集を基盤とした農民諸階層が荘園制的支配体制を変質・崩壊させた。天皇をはじめとする旧来の権威は失墜し、地域的支配体制（守護領国制）が形成された。（略）（佐藤　和彦）」

（註：二－六－二）【室町幕府（むろまちばくふ）】　吉川弘文館『國史大辞典』：「中世足利氏の家督（室町殿）を首長として作られた全国的な政治権力。足利幕府ともいう。その「室町」の呼称は、三代将軍義満が京都北小路室町（京都市上京区）に造営した室町第に由来するが、足利氏の幕府とその支配した時代を指す用語として広く使われている。元弘三年（一三三三）の鎌倉幕府滅亡、あるいは建武三年（一三三六）の建武政権の崩壊から、天正元年（一五七三）に将軍義昭が織田信長に京都を追われるまでの二世紀半にわたる。長期のこの時代には、幕府機構や政治内容は時期により異なるので、「第一期」尊氏・義詮を中心とした草創期、「第二期」義満～義政治世の安定期、「第三期」将軍権力が形骸化した義材（義稙）以降の衰退期に大別し、第二期をさらに、義満～義教の最盛期と、将軍権力が衰退に向かう義政・義尚期とに区別するのが妥当であろう。（略）（福田豊彦）」【室町時代（むろまちじだい）】吉川弘文館『國史大辞典』：「（略）室町時代は「下剋上の時代」といわれるように、伝統的権威がそのままでは支配の規範とならなくなった時代であり、物領制を支えていた親権の絶対性も失われ、国家権力は末端まで分裂・重層化して、社会のそれぞれの階層において成員の平等を原則とする一揆結合が盛行した「一揆の時代」

でもあった。将軍は有力守護大名の賛同なしには政治を行なえず、守護はその被官・国人の同意なしには家の継承もできなかったが、将軍はむしろそうした機会を利用し平和と秩序の維持を口実に大名や国人を統制しようとしており、ここでは儒教的な徳治思想が禅定放伐の革命思想とともに定着する。(略)(福田豊彦)」

(註:二ー六ー三)【南北朝の合体】 吉川弘文館『國史大辭典』:「延元元年(一三三六)後醍醐天皇の吉野遷幸以来、五十七年に及んだ南北朝の社会現象が、南朝元中九年(一三九二)後亀山天皇と北朝明徳三年(一三九二)後小松天皇との間に和平合体が成立した。(略)条件は四ヶ条あり(一)三種の神器が、南朝から北朝へ帰座する上は、後亀山天皇から後小松天皇に譲位の儀を以て行われるべきこと。(二)今後の皇位は、持明院統(北朝)と大覚寺統(南朝)とが、迭立の次第で継承せられるべきこと。(三)諸国国衙領は、悉く皆大覚寺統の官領たるべきこと、(四)長講堂領は、諸国分すべて持明院統の官領たるべきこと、以上である。(略)ところで、右の諸記録や、その後における京都の朝廷や幕府の南朝方に対する待遇や行動を観察するに、四条件はほとんど全く実行されておらず、実行されているのは、持明院統の経済基盤の確認たる(四)だけと見るべきである。これを要するに、南北朝の合体は、義満の独自の政治判断に基づく傾向が著しく、その目的は三種の神器の京都帰還にあり、したがって北朝君臣は、これについての議定にほとんど全く関与していないと見るべきである。(村田正志)」

【足利義満(あしかがよしみつ)】 吉川弘文館『國史大辭典』:一三五八~一四〇八 室町幕府第三代将軍。一三六八~九四在職。(略)

(註:二ー六ー四)【婆娑羅(ばさら)の茶】『國史大辭典』:「南北朝時代、新興の大名らが豪華な舗設に贅美をつくした酒食をしつらえ、莫大な賭物(懸賞)を呼び物として開催した闘茶(四種十服茶など、茶品を飲みあてる競技)の会の派手な遊興をいう。(略)この「バサラ茶会」も沈潜、茶会礼法が発達して茶湯がやがて発祥する。(略)(永島福太郎)」

(註二－六－五)【観阿弥・世阿弥親子が京・今熊野での勧進能】　吉川弘文館『國史大辞典』:「(観阿弥の項)(略)永和元年(一三七五)ごろには、今熊野で猿楽を興業したが、この時将軍足利義満が来場してはじめて猿楽を見物し、観阿弥の至芸とその長子鬼夜叉(のちの世阿弥)の可憐な舞台姿とに心を惹かれ、義満は以来観阿弥座の絶大な後援者となった。観阿弥は、当時の芸能界にあった人々の長所を学びとり、みずからの芸を練ると同時に、当時人気の高かった曲舞《くせまい》節を取り、小歌節のみであった大和猿楽の音曲に変化をもたせ、新風の音曲を完成させた革新的な役者であった。同時に能役者としてもすぐれ、民衆の良く知っている物語・伝承などを素材に、演劇的要素の濃い内容をもった能(義理能)の台本を作った。『金札』『江口』『松風』『求塚』『通小町』『卒塔婆小町』『自然居士』など、部分的には改作されているが今日でも上演頻度の高い作品である(略)(片桐　登)」

(註二－六－六)【後小松天皇の北山第行幸】　辻惟雄監修『日本美術史』(美術出版社、一九九一、P103):「応永一五年(一四〇八)三月、足利義満(一三五八～一四〇八)は、完成したばかりの北山山荘に、後小松天皇の行幸をあおぐ。現在の金閣の地である。北山山荘には寝殿のほかに二階建ての「会所《かいしょ》」があった。会所は、当時流行の中国からの高級舶来品「唐物《からもの》」で飾り立てられていた。絵画・彫漆の盆や香合・古銅の花瓶や高爐など、それらは天皇への進上品のディスプレイでもあった。実は、室町時代を通じてもっとも高い価値を認められていたのは、このような中国美術だったのである。イヴェントの面からみると、歌会《うたかい》・蹴鞠《けまり》・三船御会《さんせんぎょかい》などの伝統的な晴れの行事が寝殿を中心に行われたのに対して、会所では猿楽《さるがく》が催されている。猿楽が、足利将軍家の庇護のもと観阿弥《かんあみ》・世阿弥《ぜあみ》によって新たな芸能のジャンルである能へと確立されたことはいうまでもない。ここでは、寝殿の「和」に対して、会所は「唐」を、蹴鞠や和歌の「旧」に対して、能や連歌の「新」を主張するものである。(略)」

(註二－六－七)【同朋衆】　吉川弘文館『國史大辞典』:「室町時代、足利将軍家の殿中で種々の技芸、雑事に従った僧体の者。「同朋」の語は仏教者の間で「修行の仲間」の意味で用いられていたもので、僧体であるために用いられたのであろう。「遁世（者）」の称も併用された。「阿（阿弥・阿弥陀仏）」号については時宗の称との関係が問題とされる。かつて時宗が「トモニツレタル遁世者」として武将に従い弔いと芸能を施した系譜をひくものとみられるが、信仰とは無関係に命名された例が少なくない。（略）（今泉淑夫）」

辻惟雄監修『日本美術史』（美術出版社、一九九一、P103）：「将軍関係の会所のインテリアデザインを受け持っていたのは将軍の「同朋《どうぼう》」と呼ばれた人々である。中でも能阿弥（一三九七～一四七一）、芸阿弥（一四三一～一四八五）、相阿弥（～一五二五）の三代は美術に関係が深い。能阿弥は、マルチメディアの作家、かつ評論家で、唐絵の鑑定や座敷飾りに加えて、自ら絵を描き、表装を行い、また連歌師としては宗祇の七賢いに数えられ、北野会所奉行にまでなっている。芸阿弥・能阿弥も、将軍の美術コンサルタントであると同時に連歌も詠みつつ、また「国工」と称された高い画技をもつ京都画壇の中心的存在であった。「阿弥」は時宗の徒の号であるが、一般的には、既存の身分秩序のいずれにも属さない「遁世者《とんせいしゃ》」であることを意味した。立花《りっか》を得意とした立阿弥や作庭の善阿弥など、彼らが当時の芸道に果たした役割は大きい。（略）」

（註：二‐六‐八）【応仁の乱】　岩波書店『広辞苑（第五版）』：「応仁元年～文明九年（一四六七～一四七七）、足利将軍家および管領畠山・斯波両家の相続問題をきっかけとして、東軍細川勝元と西軍山名宗全とがそれぞれ諸大名をひきいれて京都を中心に対抗した大乱。京都は戦乱の巷《ちまた》となり、幕府の権威は全く地におち、社会・文化を含めて大きな時代の画期となった。応仁・文明の乱。」　吉川弘文館『國史大辞典』：「（略）山名持豊・斯波義廉らは急遽両国の兵を京都に集め、細川勝元も自派の兵を召しよせた。持豊らは義政にせまって河内にあって勢力を蓄えていた畠山義就を許させ、十二月には義就の大軍も河内から入京した。翌応仁元年（一四六七）正月、持豊らは義政に強制して管領を畠山政長から自派の斯波義廉にかえさせ、十数年にわたって勝元派に独占されていた管領職を自派の手におさめ、さらに政長の後ろだてとなってきた勝元の責任追及を勝元に迫った。政長は正月

十八日自邸に火を放って上御霊神社に立て籠り、義就に決戦を挑んだ。義政は戦火の拡大を恐れて、勝元・持豊の双方に支援の禁止を命じたが、持豊は義就を援けて大勝をおさめしばらくは京都を制圧した。これに対し、勝元も自派の守護大名に反攻と上洛をよびかけた。（略）（稲垣康彦）」

（註：二―六―九）【京文化の伝搬】周防・長門・豊前・筑前の守護大名・大内家の例を紹介しよう。吉川弘文館『國史大辞典』：「（大内政弘（一四四六～一四九五）の項より）（略）公卿・禅僧・学者らとの交際深く、山口来住を歓迎してその保護者となった。惟参周省は保壽寺に住して大内氏世系その他を研究し、画僧雪舟は政弘の保護でその技を磨いた。政弘の学問は広かったが、ことに和歌はその作幾万首ともしれなかった。猪苗代兼載の『朝の雲』は政弘臨終の様子を詳述し、口をきわめて和歌・連歌への執心をたたえており、『拾塵和歌集』は彼の歌集で千五百首が選ばれている。宗祇が『新撰菟玖波集』を撰する動機を与えたのは政弘で、これには彼の作七十五句が収められている。その他の学問では一条兼良から『伊勢物語愚見抄』（宮内庁本）を、能阿弥から『君台観左右帳記』（群書類従本）を受けている。家臣主従も和歌・連歌をたしなみ、山口は文化都市として栄えた。（略）（福尾猛市郎）」

「（大内義隆（一五〇七～一五七一）の項）（略）義隆の学問・芸能はあらゆる分野にわたった。その背景には領国のもつ地理的特性、特に大陸貿易と文化輸入のもたらす異国情報、大内家代々の好学とくに京都文化崇尚などがあり、義隆は学問・芸能を尚古的方向に求め、それを道と考えたと言えよう。すなわち儒学は禅僧ではなく京都から招いた清原氏を師として公卿たちと輪読し、仏学は大徳寺玉堂宗条から禅を学ぶほか、天台・真言の高徳たちを招いて密教仏事を行い、秘法秘印の伝授をうけ、神道は吉田兼右から伝授された。また義隆自身はキリスト教を信奉しなかったが、シャビエルを引見し領内布教を許可した。和歌は三条西実隆・飛鳥井雅俊らに師事し、歌曲の家元というべき持明院基規からは郢曲《えいきょく》その他の教えをうけ、雅楽の管弦まで四天王寺の楽人を召して学んだ。特に重視した有職学は、父義興の場合接待の目的のものであったが、義隆はこれを政治に結びつけた。すなわち天文元年朝廷の官務家小槻伊治を山口に招いて政務にあたらせ、故実に反しないように心がけた。（略）義隆は陶隆房の謀反によって最期をとげるが、隆房謀反の理由として、大内歴代の初政に必ず討伐されていた違和勢力が義隆のときは温存されていたこと、義隆の優柔不断の性格が陶隆房誅伐の機を逸したこと、主君義隆が領国経営の実務から遊離浮上した存在であったことなどが数えられ、最も単純に大内領国体制が戦国大名ではなく守護大名の域を出ないための必然の改革とみることも可能であろう。しかし最も現実的な見方は義隆がいたずらに学問・芸能にふけり、公卿や芸能者を不当に厚遇したため、多額の経費が天役《てんやく》として賦課されることに対する領内の不満が下は庶民から上は重臣団に至るまでみなぎったことにある。（略）（福尾猛市郎）」

（註：二－六－十）【枯淡冷厳を好む「寂び（さび）」の美意識】　芳賀幸四郎著『わび茶の研究』（淡交社、一九七六）「わびの歴史とその理念　〈正徹から心敬へ　～幽玄美から冷厳美へ～〉」P146～：「（略）このようにして心敬が連歌の理念として志向し、最高究極の美として仰いだのは、禅竹の場合と同じく、春の花や秋の紅葉の感覚的な華麗の美とは対照的な緊張した冷厳な冬枯れの美、満目蕭条《まんもくしょうじょう》（見渡す限り、物さびしいさま（筆者注））とした外見の底に生命力を潜在させた枯野にも似た美、簡素冷厳、寡黙寂静の美であった。それにしても古代的なものの決定的に崩壊した応仁の大乱前後において、古代的な美の否定としての中世的な美・幽玄がここまで深まったことは、誠に注目にあたいすることである。」

（註：二－六－十一）【東山文化（ひがしやまぶんか）】　小学館『日本国語大辞典』：「室町時代中期、義政を中心に公家文化、武家文化、禅宗文化が融合した文化をいう。足利義政の東山山荘にちなんだ名称。↓【東山時代】同：「日本史（特に文化史）上の時代区分の一つ。室町幕府の対明貿易を通じて唐物《からもの》が大量に輸入される一方で、八代将軍義政や有力守護大名の庇護によって同朋衆、禅僧、河原者などを中心に絵画・工芸・茶の湯・築庭・能楽・立

花などの文化・芸能が普及して、かつすぐれた作品が数多く制作された時代。狭義には、義政が京都東山山荘に閑居した一五世紀後半をいうが、義政の治政時代の全体をよぶこともある。」」

【東山御物（ひがしやまごもつ）】　小学館『日本国語大辞典』：「足利義政が東山山荘で制定した茶道具の名品。唐物の目利きとして知られた能阿弥、芸阿弥父子が参与した。将軍家に集積された唐物名器の中から上等品と中等の上を選定したもので、宋元の名画の掛幅、盆、香合、燭香炉、花瓶、茶碗、葉茶壺、茶入、その他の雑器にわたる。義政の死後、四散したが、その一部は信長や秀吉の秘蔵品となった。」　吉川弘文館『國史大辞典』：「室町第において、また東山第において風雅な生活を営み「東山殿」と称された足利義政が愛玩し、そのころ、室町幕府の庫に収蔵されていた絵画・茶器・花器・文具類などの美術工芸品に対する後世よりの呼称。ただし東山御物とはいっても、それは義政一代で蒐集したものではない。（略）してみると、いわゆる「東山御物」は、そう呼ぶよりも「室町御物」と呼称するのが適当だということになろう。ともあれ、「東山御物」はいずれもみな中国から船載された高級な芸術品で、それ自体高い文化的価値をもつとともに、他面、当時の日明貿易の実態と室町文化ないし東山文化の性格を知る上の貴重な史料でもある。なお、これらの「東山御物」の中には応仁・文明の乱などの戦火で焼失したものも少なくなく、将軍から諸大名に贈与されたものや、将軍家の衰頽に伴い、土倉衆《どそうしゅう》を通じて富裕な町衆や地方の土豪らの手に移ったものも多かった。（芳賀幸四郎）」

（註：二－六－十二）【珠光（しゅこう）による茶之湯（＝侘び茶）】　芳賀幸四郎著『わび茶の研究』（淡交社、一九七八）「わびの歴史とその理念　〈村田珠光によるわび茶の創始〉」P151：「珠光は一休禅師に参禅して体得した禅の精神をもって、これら先行の喫茶方式を総合して今日のいわゆる「茶の湯」を創始したのであるが、彼のこの革新は四畳半の茶室を創案し、異国趣味を和様趣味で中和し、「格式法儀ノ厳重」な「極真」の茶儀を庶民的なセンスで簡略化し、もってわびの美を具現することをねらいとしたものだった。珠光が四畳半の茶室を創案したことは、茶

趣に大きな変化をもたらすこととなった。その一つは会衆の人数を数名に限定することになり、それだけに一座の人びとの和合団欒性《わごうだんらん》を深めたことであり、その二は座敷飾の簡略化をもたらし、一座の人びとの関心を物質的なものから解放して、精神的なものに向かわせるよすがとなったことである。（略）（P152〜）禅竹の孫金春禅鳳の『禅鳳雑談《ぜんぼうぞうだん》』に、珠光が「月も雲間のなきはいやにて候」と語ったとあるが、これは彼もまた吉田兼好と同じく、完全円満な肯定的な美よりも、不完全な否定的な美に心ひかれていたことを語るものである。また『山上宗二記』に「珠光ノ云レシハ、藁屋ニ名馬繋タルガヨシト也」とあるのは、彼が外見は粗相ながらも内面の充実しているものをよしとし、それに高次の美を見出していたことを、よく示すものである。」

【東山殿（足利義政）と茶の湯】　山上宗二（一五四四〜九〇）著『山上宗二記』（熊倉功夫校注、岩波書店文庫、二〇〇六）P2：「それ御茶の湯の起りは、普光院殿（＝足利義教（六代将軍））、鹿園院殿（＝足利義満（三代将軍））の御代より、御唐物、同じく御絵讃など、歴々集め畢《おわ》んぬ。その比《ころ》は御同朋衆《どうぼうしゅう》善阿弥、毎阿弥なり。両公方様《くぼう》御他界の後、桂雲院殿（＝足利義勝（七代将軍））十三の御年、御落馬故、御短命なり。その後、東山慈照院殿（＝足利義政（八代将軍））御代に、悉《ことごと》く御名物《めいぶつ》寄せ給い畢《おわ》んぬ。花の御所様（足利義尚。のち義熙）へ御家督を参らせられし時、明皇院殿（明広院足利義視か）も御後見として、これまた、都に残り給い畢んぬ。御名物等も少々渡し、その外、七珍万宝の儀はその数を知らずと云々。御身は東山に御隠遁《いんとく》ありて、四季共に、昼夜の御遊興、はなはだ斜めならず。ころは秋の末月、いまだ遅宵《ちしょう》の空、誠に虫の音《ね》さえ無く、ますます物哀れなる折節《おりふし》、能阿弥《のうあみ》を召して、源氏物語、ことには雨夜《あまよ》の品定《しなさだめ》、歌、連歌、月見、花見、鞠《まり》、小弓、扇合《おおぎあわ》せ、絵合せ、草尽《くさづく》し、虫尽し、さまざま興ぜしこし方《かた》の事ども、御物語なさるるの刻《とき》、また仰せ出《いだ》さるるは、昔よりありきたる遊びは早《は》や事も尽きぬ。ようやく冬近し、雪の山を分けて鷹狩りも御年行《としゆき》に随いて御退窟《たいくつ》なり。何か珍しき御遊びあるべきか、など御諚《じょう》の節、能阿弥謹んで得心《とくしん》致し、首《こうべ》を下《た》る。やや暫くありて、その憚《はばか》りを顧みず申し上げ候《そうろう》。されば楽道の上は御茶湯《ちゃのゆ》と申す事御座候。南都皇明寺に珠光《じゅこう》と申す者、この御茶湯に三十ケ年、身上を抛《なげう》ち、一道に志《こころざ》し深き者にて候。その次に件《くだん》の二十ケ条の様子、その外孔子聖人の道も学び、珠光と相談の密伝、口伝、残らず悉《ことごと》く申し上げ候。第一、雪の内には炉中《ろちゅう》楽しみあり。御釜のにえ音は松風《しょうふう》をそねむに、春夏秋共《とも》に面白き御遊興これなり。御唐物の御厳《かざ》りは四季によりて、時に非《あら》ざる物を現前に御覧ぜらるるは、併《しか》し御名物の御威光か。その上、小壺、大壺、御花入、香炉、香合、御絵、墨跡等、誠に案外の御覚悟にこびたる御遊びは、茶湯に過ぎたる事はあるまじき、など申し上ぐ。それに就《つ》き、禅宗の墨跡を専ら用い、一休和尚より珠光、円悟《えんご》の一軸を申し請《う》け、これを数寄の一種に楽しむ。かくの如きの時は、仏法もその中にありと、深更に及び、涙を流し言上《ごんじょう》いたす。公《く》方《ぼう》様御感《ぎょかん》ありて、即ち珠光を召し上げられ、師匠と定めおかれ、御一世の御楽しみはこの一興なり。」

第七節．安土桃山期の文化政策　〈第八講〉

世界は大航海時代(註二－七－一)を迎え、南蛮との貿易が興り、鉄砲はそれまでの戦を変えていった(註二－七－二)。

尾張の戦国大名・織田信長は十五代将軍の義昭を立てて京に上り(註二－七－三)、いち早く朝廷を実質的に守護する立場を得た。信長は宣教師に布教を許し(註二－七－四)、先進技術を取り入れ、新時代を画し、自治都市・堺を押さえ(註二－七－五)、武田の騎馬軍を破り(註二－七－六)、比叡山の僧兵軍および各地の一向衆とも戦った(註二－七－七)。近江国に安土城を築いて(註二－七－八)、楽市楽座政策を実践(註二－七－九)、関所を排して商業を奨励し、天下統一を目指した。

信長は上洛に際して当時に流行していた茶の湯《ちゃのゆ》を各界の人物との社交の術として嗜みつつ、京および堺の町衆に対して強制的な名物道具の一斉蒐集ともいうべき「名物狩り」(註二－七－十)を行った。信長は「茶湯御政道《ちゃのゆごせいどう》」と称して家臣の茶の湯を統制したり、戦功のあった者に蒐集した名物茶器を下賜した。また、堺の納屋衆の茶人・千《せんの》宗易《そうえき》（利休《りきゅう》）を茶頭（茶の師匠）となして、自身の茶会において点前《てまえ》をさせるなど、接待役を務めさせた。

その夢を引き継いた羽柴秀吉は、明智光秀、柴田勝家を討ち(註二ー七ー十)、四国・九州・関東・奥州を収めていく。(註二ー七ー十一)秀吉は関白太政大臣の位を得て、京の聚楽第に後陽成天皇の行幸を迎える。(註二ー七ー十二)茶頭の千利休を継承し(註二ー七ー十三)、茶の湯を政道に生かし、北野大茶会を企画。(註二ー七ー十四)唐を目指して朝鮮に出兵するも、後に撤兵。(註二ー七ー十五)また後には国益保全のため、バテレン追放政策をとる。(註二ー七ー十六)

各地の戦国大名たちは領国の治政に心を砕き、公正な政治を心がけ、武士には文武を奨励して、領民の信を得ることが競われ、家憲・家法や分国法を制定した大名もいた。(註二ー七ー十八)桃山文化には豪放で華麗な美が登場し、泰平の出現によってかぶき踊りや三味線音楽など、多様で奔放《ほんぽう》な気分が溢れていった。(註二ー七ー十九)

註釈：

（註二ー七ー一）【織田信長の上洛】　吉川弘文館『國史大辞典』：「（織田信長（一五三四～八二））（略）岐阜に進出した信長のもとに、正親町天皇から尾張・美濃にある御料地の回復を委嘱し、信長のことを「古今無双の名将」とほめたたえた綸旨が届けられ、これと相前後して前将軍足利義輝の弟義昭から室町幕府の再興について依頼を受けた。上洛の決意を固めた信長は、永禄十一（一五六八）年九月七日岐阜をたち、近江の六角義賢を観音寺城に攻めて九月二十六日義昭を擁して入京、さっそく幕府を再興して義昭を将軍につけた。（略）（今井林太郎）」

（註二ー七ー二）【大航海時代（だいこうかいじだい）】　岩波書店『広辞苑（第五版）』：「十五世紀から十七世紀前半

にかけて、ヨーロッパ人が新航路・新大陸を発見し、活発な植民活動が諸国に起って、西欧の政治・経済に重大な影響をもたらした時代。発見時代。」

（註：二－七－三）【鉄砲（てっぽう）】　吉川弘文館『國史大辞典』：「（略）近代の概念でいう鉄砲は、天文十二年（一五四三）種子島に渡来したときに始まる。この時伝来した鉄砲はマラッカ型の瞬発式点火機構を持つ東南アジア製の火縄銃で（略）日本のように地形が狭隘で集団戦闘の困難な国では命中度のよい瞬発式が好まれる。（略）（所　荘吉）」

（註：二－七－四）【イエズス会】　吉川弘文館『國史大辞典』：「（せずすの）こんぱにや、あるいは御門派・耶蘇会（漢語）ともいう。イグナティウス・デ・ロヨラを中心として、フランシスコ・シャビエルら同志七人によって創立された司祭修道会。会を挙げてキリストへの奉仕に奉げる精神から、創立者の名前を会の名称に用いず、キリストを頭として忠誠をつくして仕える団体という意味で　Companhia de Jesus と称した。会員自身の霊的精進とともに他人の救霊に全力を傾注するために、新しい時代に適応して、従来の修道会で一般に行われていた日常の共誦祈祷、会則で規定された苦行・修道服などを廃し、その代わりに厳しい精神上および学習上の修道方式を採用して、「より大なる神の栄光のために」の標語の精神に従って、いっそう自由に、積極的に活動できるように規定し、会員の一致団結と効果的な統率の実をあげるために、各地で活躍する会員から通信を送ることに決めた。一五四〇年教皇パウロ三世によって会の設立を認可されるとともに、布教・学問・教育の面で著しい活動を展開した。（略）日本におけるキリシタン布教は天文一八年（一五四九）鹿児島に上陸したフランシスコ・シャビエルを以て嚆矢とする。彼は日本が高度の政治的、社会的制度と、足利学校や比叡山のごときすぐれた学府をもち、日本人が知識旺盛なことを認め、その文化・風習・優れた特質を尊重し、これに順応する布教方針をとるべきことを規とした。この方針は戦国乱世のさなかにあった彼の日本滞在中には必ずしも実現できなかったが、彼の宿願であった日本の中心京都の布教はのちにビレラやオルガンティーノによって果たされ、彼の布教方針はワリ

ニァーノによって組織的に実現されて、日本人宣教師のみならず、日本の指導的人物の養成をめざした教育と学問、教理書および文学書の刊行、絵画・音楽・活字印刷や銅版彫刻の技術など西欧学術文化の移植と日本の文化・風習の研究とに大きな業績を上げたが、独裁者の封建体制が強化されるとともに弾圧される運命におかれた。（略）（柳沢　武夫）」

（註・二－七－五）【堺（さかい）】　吉川弘文館『國史大辞典』：「大阪府の中央南西部、大阪湾に面する市。堺の地名は、熊野九十九王子の一つ、境《さかい》王子に由来する。摂津国住吉郡と和泉国大鳥郡にまたがり、この両国の境界にあることから「境」と称し、のち「堺」となった。（略）文明元年（一四六九）帰朝の遣明船が堺に入港して以降その発着地となり、堺商人が次第に活躍するようになる。（略）堺商人は明のほか、朝鮮・琉球・ルソン・安南・シャムなどへも往来し、十六世紀にはスペイン・ポルトガルと結んで、堺は南蛮貿易の一大中心地となった。（略）永禄十一年（一五六八）織田信長が入京に際して堺にも矢銭二万貫を要求した時、会合衆（えごうしゅう：豪商三十六人）はこれを拒絶したが、今井宗久のごとく信長に心を寄せる豪商もあり、ついに屈服して濠を埋め、矢銭を納めるとともに、堺が信長の直轄地となった。（略）（宮本又次）」

（註・二－七－六）【長篠の戦（ながしののたたかい）】　吉川弘文館『國史大辞典』：「天正三年（一五七五）五月二十一日織田信長・徳川家康連合軍が武田勝頼の軍を三河国設楽原《したらがはら》（愛知県新城市）で破った合戦。天正元年四月武田信玄が没し武田軍の上洛遠征が中断されると、徳川家康は再び北三河の奪回を図り、七月二十一日長篠城を攻めた（略）。鉄砲の組織的活用の画期がこの戦いであった。信長は鉄砲隊を三段に重ねて（略）連続的に火縄銃を活用する戦法を編み出した。（山本博文）」

（註・二－七－七）【一向一揆（いっこういっき）】　岩波書店『広辞苑（第五版）』：「室町末期、越前・加賀・三河・近畿などで起こった宗教一揆。一向宗の僧侶・門徒が大名の領国制支配と戦った。」

『國史大辞典』:「(織田信長の項) 信長を最も苦しめたのは一向一揆であった、顕如の指令で近江・伊勢・越前・加賀の各地で一向宗徒が蜂起した。近江の一揆は浅井・朝倉と一体となって戦闘に参加したが、浅井・朝倉が滅亡すると急速に衰えた。伊勢の長嶋一揆は信長の弟信興を小木江城に攻め殺し、勢いすこぶる盛んであったが、信長は前後三回にわたって討伐し、天正二年完全に制圧した。越前の一向宗徒は朝倉氏の滅亡後も信長に反抗し、信長の守兵を越前から追放して一国をその支配下においた。このため信長は三年八月越前に進撃して、一向宗徒を徹底的に討滅し、さらに加賀に入って能美・江沼両郡の一揆を討ち、越前を腹心の柴田勝家に与えて北庄に据え、北国の押えとした。(略)(今井林太郎)」

(註:二－七－八)【安土城(あずちじょう)】 吉川弘文館『國史大辞典』:「滋賀県蒲生郡安土町にあった城。織田信長の居城で、その築城を惟住(丹羽)五郎左衛門長秀に命じ、天正四年(一五七六)正月着工、翌年二月末には移っているが、工事はその後も続行され、構は同七年ごろ竣功したようである。同十年六月信長の没後炎上。以後織田氏ふるわず廃城となる。北方琵琶湖の伊庭内湖(現在は干拓)に挺出する半島状の安土山にあり、標高一九九m。東南の六角氏の観音寺城(標高四三二m)と山麓の低い鞍部で続いてはいるが独立丘陵の姿を呈する。その付け根に位する最高所部に「土蔵」(『信長公記』)を含む七重の天守と御殿を擁する本丸を置き、これに二ノ丸、三ノ丸を連ね、一段低く台所、焔硝蔵などを設け、北方尾根上に八角平(菅屋敷)、薬師平を配する。山麓南口に大手口、東南麓に東門、西南部に百々橋口を設け、山腹には諸氏の邸の削平地が点在する。構を固める石垣は壮観で、天正期石垣の好例であり、天守台、矩折する黒鉄門、本丸・二ノ丸接合部の枡形、曲折する通路などは築城技術の好資料である。中世山城の手法も残すが、高い観音寺城ではなく低い安土山に拠って石垣を駆使し、また壮大な天守閣を建てたことなど近世城郭の嚆矢で、楽市楽座の制を布いた西南麓の山下(さんげ、城下町)も著名。山の西南部に信長創建の総見寺の遺構として三重塔・楼門(いずれも移建、重要文化財)が遺っている。城址は特

別史跡に指定されている。（黒板昌夫）」

（註：二－七－九）【楽市楽座（らくいちらくざ）】　吉川弘文館『國史大辞典』：「十六世紀なかばより十七世紀初頭にかけて、戦国大名・織豊政権が、荒廃した地方市場の復興、また新設市場・新城下町の繁栄を目的に発布した楽市令の通称。現在史料的に知られる楽市は、天文十八年（一五四九）の近江国石寺新市を初見とし、慶長十五年（一六一〇）の美濃国黒野を最後とする。一般にその市場が楽市であることは、「楽市」「楽市楽座」「楽買楽売」「無座無役」「十楽」などの楽市文言によって知られる。現在二十余の楽市が確認されるが、この時代、楽市文言で表示されなくても、内容的に楽市とみなしてよい市場が全国的に数多く存在した。この「楽」という言葉の意味は、楽市令の内容からみて、俗的諸権力・俗的世間などの諸規定から解放された状態、すなわち今日の「自由」「自然」に近い意味であり、楽市場は、交換を目的とする本来的市場の姿を示すものと位置づけられる。（略）（勝俣鎮夫）。

（註：二－七－十）【名物狩り】　『利休辞典』（淡交社、一九八九）P128「織田信長」より：「（略）信長と茶の湯との関わりは、永禄十一年の上洛前後からで、堺の町衆今井宗久らとの関係から茶に興味を持つようになったのだろう。宗久は永禄十一年十月に信長が堺に矢銭を賦課したときも親信長派として堺町衆と信長の間を仲介した。またこのころ、自身の訴訟にかかわって信長に松島の茶壺と紹鷗茄子の茶入を献じている（信長公記）が、これが信長の茶器蒐集を記録する資料上の初見である。永禄十二年二月には、第一回目の名物狩りを行い、松井友閑、丹羽五郎を使者として、京都の大文字屋所持の初花肩衝以下五点を召し上げている。第二回は元亀元年四月に堺で行われ、津田宗及の菓子の絵、薬師院の小松島茶壺、油屋常祐の柚子口花入、松永弾正（久秀）の鐘の絵が集められた。信長は「茶湯《ちゃのゆ》御政道《ごせいどう》」と称し、家臣の茶湯を統制したり、戦功あるものには名物茶器を下賜した。信長と利休との出会いは明確ではないが、元亀元年四月の名物狩りの翌二日、利休の点前で茶を飲んだ記録がある（今井宗久茶湯日記抜書）。さらに天正元年十一月二十四日の妙覚寺の信長茶会においても利休の点前で茶を飲んでお

り、ほぼこのころに信長の茶頭となっていたのではないだろうか。同三年十月二十八日の三日月の茶壺披露の信長茶会では「茶道は宗易」（信長公記）とあり、利休が信長の茶会で点前をすることが多かったことがわかる。」

『表千家HP』「利休をたづねる：織田信長（名物狩）」　http://www.omotesenke.jp/chanoyu/7_6_12b.html より：

「信長入洛の折、茶人大名松永久秀は保身のため義満所持になる珠光伝来のつくも茄子茶入を献上します。当時の京都では茶の湯が盛行し、足利将軍家伝来の名物道具を所持する茶の湯者が多くおりました。

信長は入洛の翌年、これらの名物狩りを行います。特に立売（現在の上立売新町近辺）の豪商大文字屋所持の唐物茶入初花（元義政所持）をはじめに召上げたとされます。この初花茶入は後に家督相続の印として嫡男信忠に贈られ、のち秀吉そして徳川将軍家へと伝わります。名物狩りにより唐物茶入や茶の湯の道具が政治的社会的な面から見直され道具の価値が飛躍的に高くなり茶の湯が新しい方面に展開することとなります。」

（註：二－七－十一）【羽柴秀吉（はしばひでよし）】　吉川弘文館『國史大辞典』：「（豊臣秀吉（一五三七～一五九八））（略）天正十年（一五八二）五月高松城に清水宗治を囲んだ。六月二日本能寺の変に信長が斃れると、その報を秘して高松城救援の毛利輝元と講和を結び、宗治を自殺させて反転、十八日山城山崎に明智光秀と戦いこれを破った。（略）秀吉は天正十一年四月柴田勝家を近江賤ヶ岳に破り、勝家を本城越前北庄（福井）に攻めて自殺させ、勝家と結んだ信長の三男信孝も自殺、滝川一益らは降伏して、覇権の基礎を築いた。（略）（朝尾直弘）」

（註：二－七－十二）【全国の平定】　同：「天正十三年三月正二位内大臣、七月従一位関白となった。関白は古来摂家の者に限られた職であったが、秀吉は近衛前久の養子となり、藤原秀吉としてこの職についた。このころ弟の秀長を将として四国を平定、ついで北国に進み越中・越後・飛騨から信濃に勢力を伸ばした。（略）（朝尾直弘）」

（註：二－七－十三）【聚楽第（じゅらくてい）】　吉川弘文館『國史大辞典』：「（豊臣秀吉）天正十六年（一五八八）四月、秀吉は京都内野に新築した聚楽第に（後陽成）天皇を迎えた（略）（朝尾直弘）」翌年一月にも行幸を迎えている。

（註：二－七－十四）【茶頭の千利休を継承】（三千家御家元）千宗左・千宗室・千宗守：監修『利休大事典』（淡交社、一九八九）米原正義編集「生涯「利休と天下人」」P38：「天正十年六月、信長は本能寺に横死した。利休時に六十一歳。以後六十代の利休は影の形に随うごとく天下人豊臣秀吉に侍し、大坂城・聚楽第などに屋敷を賜わり、筆頭茶頭として、わけても大正十三年十月秀吉の禁中茶会を後見した際に、利休居士を勅賜されてのちは、天下一の宗匠として、その権勢は絶大なものがあった。秀吉の主要茶会、天正十一年大坂城の初茶会、大坂城内道具揃えの茶会、十二年大坂山里丸の茶室開き、大坂城惣口切茶会、（中略）十五年北野大茶湯、十八年有馬善福寺茶会などに直接かかわり、それらの指導的役割を演じたことはいうまでもなく、秀吉の出馬には九州、小田原へと参陣もし、豊臣政権の内々の儀にかかわった。天正十九年正月、政権下の公儀をつかさどり、利休を庇護してきた豊臣秀長が病没すると、俄然利休の周辺があわただしくなり、同年二月二十八日京都において自刃した。時に七十歳。」

（註：二－七－十五）【北野大茶会（きたのだいちゃかい）】　平凡社『世界大百科事典（第二版）』「天正十五年（一五八七）十月一日、豊臣秀吉が京都北野神社の神域と松原において、広く人々を集めて催した開放的な大茶会。秀吉は宮中、名護屋の陣中などにしばしば茶会を開いたが、中でもこれはことに盛大で、史上最も有名な茶会でもある。この年の八月より洛中、奈良、堺などに高札を立てて沙汰を出し、都鄙貴賤貧富の別なく、数寄者であればだれでも、手持ちの道具を持参して参加せよ、茶のない者は〈こがし〉でもよい、と呼びかけた。」（同、千利休の項より）：「身分を超えた各階層の人々が八百席以上（一説には一千五百席）の茶席を境内にしつらえ、秀吉は所蔵の名物道具を見物させ、利休たちと共に自ら茶をふるまった。（同【茶会】の項より）この時の内容は、『北野大茶湯之記』（群書類従に収録）や、当時の日記に記されている。北野天神社の拝殿を中心として、周辺の松原での野外、園遊の大催事であり、同時に名物茶道具の大展覧会であった。」

（註：二－七－十六）【文禄・慶長の役（ぶんろく・けいちょうのえき）】　吉川弘文館『國史大辞典』：「文禄元年（一五九二）から慶長三年（一五九八）にかけ、豊臣秀吉が明征服をめざして朝鮮に侵略した戦争。（略）今日では「文禄・慶長の役」「朝鮮出兵」「朝鮮侵略」と呼ぶのが一般的である。秀吉が東アジア征服構想を持った背景として、十五〜十六世紀における東アジア世界の変動があげられる。それは朝貢貿易と海禁による明の冊封制が緩み、倭寇の貿易が盛んとなったこと、さらに、ポルトガルをはじめとする南蛮諸国の貿易船が東アジアに進出し、明がおさえていた東アジアの通交関係を崩したことである。これにより、東アジアにおける明帝国の地位は低下した。明征服をめざした秀吉の朝鮮侵略はこのような時期に行われた。（北島万次）」

（註：二－七－十七）【バテレン追放政策】　吉川弘文館『國史大辞典』：「（豊臣秀吉）天正十五年（一五八七）五月島津義久を降伏させて九州を平定、六月キリシタンの統制に関わる二つの法令を発し、大名の自由な入信と大名による領民へのキリシタン教入信の強制とを禁じ、人身売買を禁止するとともに、日本を「きりしたん国」に対置される「神国」と認識し、宣教師の追放を命じた。（略）（朝尾直弘）」

（註：二－七－十八）【分国法（ぶんこくほう）】　吉川弘文館『國史大辞典』：「戦国大名が、家臣団統制・領国支配のために制定した基本法。戦国家法ともいう。戦国大名が発令した法は、単行法令と分国法に大別されるが、分国法は、大名の法全体の基礎とする目的で制定されたものである。これは長期的観点から重要とみなされたものが選ばれ、恒久的効力が付与され、多くは法典の形式をとっている。今日分国法と称せられるものは別表のごとく十種が挙げられるのが一般的であるが、法と道徳との分離がなお完全とはいえないこの時代からいえば、家訓という形式をとりながら家法的条項を含む「朝倉孝景条々」、「早雲殿廿一箇条」なども戦国家法の範疇に含めることは可能である。（略）（別表には「相良氏法度（相良為続）〈肥後〉」「大内氏掟書（大内氏）〈周防・長門・肥前・筑前〉」「今川仮名目録（今川氏親）〈駿河・遠江〉」「塵芥集（伊達稙宗）〈出羽・陸奥〉」「甲州法度之次第（武田

信玄〉〈甲斐・信濃〉」「結城氏新法度（結城政勝）〈下総〉」「六角氏式目（六角義賢・義治）〈近江〉」「新加制式（三好氏）〈阿波・讃岐・淡路〉」「長宗我部氏掟書（長宗我部元親・盛親）〈土佐〉」「吉川氏法度（吉川広家）〈周防〉」が挙げられている。）（勝俣鎮夫）」

（註二ー七ー十九）【安土時代（あづちじだい）】　岩波書店『広辞苑（第五版）』：織田信長が近江の安土城を本拠とした時代。すなわち信長が政権を掌握した時代。【安土桃山時代（あづちももやまじだい）】　同：「織田信長・豊臣秀吉が政権を握っていた時代（一五七三～一五九八）。または、信長入京の一五六八年（永禄十一年）から関ケ原の戦で徳川家康が勝利した一六〇〇年（慶長五年）まで。織豊《しょくほう》時代。【桃山時代（ももやまじだい）】　同：「時代区分の一。十六世紀後半、豊臣秀吉が政権を握っていた約二十年間の時期。美術史上は安土桃山時代から江戸初期を含め、中世から近世への過渡期として重要。特に豪壮な城郭、殿邸、社寺の造営やその内部を飾る障壁画が発達。また、民衆の生活を示す風俗画の展開、陶芸、漆工、染織など工芸技術の進歩も見過ごせない。

〈第九講〉

第八節　徳川初期の文化政策

徳川家康は、秀吉の没後に五大老の筆頭として天下の統一を実力で継承し、関ケ原合戦の後は、朝廷より武門の棟梁に与えられる征夷大将軍を任じられ、江戸に幕府を開いた。（註二ー八ー一）大坂城の陣によって豊臣家を滅ぼして、天下を平定。武家諸法度、（註二ー八ー二）禁中並びに公家諸法度、（註二ー八ー三）諸宗本山本寺諸法度（註二ー八ー四）を発布して、治世の規範を示した。家康は学問を愛し、藤原惺窩や林羅山ら儒学者の講義を聞き、（註二ー八ー五）古典籍を蒐集させて江戸城に紅葉山文庫を築いた。（註二ー八ー六）政策顧問として僧侶の天海・以心崇伝を重用し、寺社や朝廷との交渉や外交政策に参画させた。（註二ー八ー七）自らは死後は東照宮として祀らせ、(註二ー八ー八)二百数十年の太平を拓いた。

泰平の世となり、徳川幕府の文化政策が行きわたるようになっていった。学問が奨励され、幕府のもとの昌平黌(註二ー八ー九)をはじめ、各藩には藩校、(註二ー八ー十)町から村には寺子屋、(註二ー八ー十一)徳高い学者のもとには私塾など、(註二ー八ー十二)各界での学問および（茶・花・香・能・連歌・俳諧・川柳・邦楽・武道などの）諸芸道が家元制度を興しつつ隆盛を極めていった。

註釈：

（註二ー八ー一）【徳川家康（とくがわいえやす）（一五四三〜一六一六）】　吉川弘文館『國史大辞典』：「（略）朝鮮出兵では渡海せず、やがて秀吉が病衰すると、五大老の筆頭として、大きな勢力をもち、官位も慶長元年（一五九六）には正二位内大臣に昇進して、内府《だいふ》と呼ばれた。同三年に秀吉が没したあと、家康は伊達政宗や福島正則らと婚姻関係を結ぶなど、禁制をやぶって独断専行したので、他の四大老や石田三成らとの間に対立が深まったが、かえってこの状勢を利用して勢力を伸ばし、ついに同五年（一六〇〇）の関ケ原の戦によって、武家政権の代表者としての地位を獲得した。同八年二月十二日には、後陽成天皇から征夷大将軍に補任され、従一位右大臣に昇進して、江戸幕府を開き、正式に全国に対する統治権を掌握した。この後、江戸と伏見を往復し、同十年四月十六日に将軍職を子の秀忠に譲ったのちも、大御所と呼ばれて、同十二年からは駿府に居城し、朝廷・寺社関係や外交、および貨幣と交通など、全国的な政務を統轄して、江戸の幕府と並び、二元政治の体制をなした。同十六年には京都の二条城で豊臣秀頼と会見し、ついで同十九年から翌元和元年（一六一五）にかけての大坂の陣によって豊臣氏を滅ぼし、幕府の前途への不安を除くとともに、同じ元和元年には、『武家諸法度』と『禁中並公家諸法度』とを制定させて、幕府の基盤を固めた。安心した家康は、駿府に帰り、翌二年正月に田中（藤枝の東方）に鷹狩に出た際に発病し、三月には太政大臣に任官、四月十七日に七十五歳で病死した。（略）（尾藤正英）」

（註：二－八－二）【武家諸法度（ぶけしょはっと）】　平凡社『世界大百科事典（第二版）』：「江戸幕府が武家の守るべき義務を定めた法令。（略）元和元年（一六一五）大坂落城戸後、徳川家康は以心崇伝らに命じて法度草案を作らせ、検討ののち七月七日将軍秀忠のいた伏見城に諸大名を集め、崇伝に朗読させ公布した。漢文体で十三ヶ条より成り、〈弓馬の道もっぱら相嗜むべき事〉をはじめとして、品行を正し、科人《とがにん》を隠さず、反逆・殺害人の追放、諸国者の禁止、居城修理の申告を求め、私婚禁止、朝廷への参勤作法、衣服と乗輿《じょうよ》の制、倹約、国主《こくしゅ》の人選について限定し、各条に注釈を付している。」

（註：二－八－三）【禁中並びに公家諸法度】　平凡社『世界大百科事典（第二版）』：「江戸幕府が天皇と公家の行動を規制するために定めた法度。漢文体。大坂の陣直後の元和元年（一六一五）七月十七日、京都二条城で大御所徳川家康、将軍秀忠、前関白二条昭実が連署した十七ヶ条の本文を武家伝奏に渡す形式で発布された。当初は〈公家法度〉〈公家掟〉〈公家中諸法度〉などと呼ばれており、天皇を指す〈禁中〉という呼称が加わったのは十七世紀以降であった。〈天子諸芸能のこと、第一御学問なり〉とした第一条は著名であるが、第二条以下では、三公（太政大臣。左・右大臣）と親王の座次《ざなみ》、三公摂関の任免、養子、武家の官位を公家のその員数外とすること、年号の定め方、天皇以下公家の衣服、諸公家の昇進の次第、廷臣の刑罰、僧侶の号や紫衣《しえ》勅許の条件などについて定めている。」

【禁秘抄と諸法度との関係】　藤田　覚著『天皇の歴史　六：江戸時代の天皇』（講談社、二〇一一）　禁中並公家中諸法度と天皇家の伝統世界P17～18：「諸法度第一条は、天皇に第一に学問、ついで和歌の修学を義務付けた。この条文の理解は、徳富蘇峰（一八六三～一九五七）による「天皇は治国平天下の学問を為さず、唯だ花鳥風月の学問を為し給うべしとの意にて受取るを、正しき解釈とせねばならぬ」（近世日本国民史）が常識であった。つまり、天皇は天下国家にかかわる学問をせず、自然や風流を愛でる学問をせよと規定した、という解釈である。

だから、天皇を政治から遠ざけ、和歌の世界に閉じこめた、という理解が流布したのである。果たして正しいのか。その見直しが一九八〇年以降さかんに議論されるようになった。

古代以来、天皇の地位や義務が成文法で規定されたことはなかったので、第一条は日本の法制史上に画期的な条文といわれている。しかし、法制史上で画期的とはいえ、第一条の条文を仔細に読むと、天皇と朝廷にとってそれほど特別な内容のものではなかった。つぎは、第一条の全文である（読み下しに改めた）。

天子諸芸能のこと、第一御学問なり、学ばずんばすなわち古道に明らかならず、しかるに政《まつりごと》をよくし太平を致すはいまだあらざるなり、貞観政要《じょうがんせいよう》明文なり、寛平遺誡《かんぴょうゆいかい》に、経史《けいし》を窮《きわ》めずといえども、群書治要《ぐんしょうちよう》を誦習《しょうしゅう》すべしとうんぬん、和歌は光孝天皇よりいまだ絶えず、綺語《きご》たるといえども、わが国習俗なり、棄《す》てておくべからずとうんぬん、禁秘抄に載するところ、御習学専要に候《そうろう》こと。

すこし意訳しながら現代語訳すると、次のようになる。

天子が身につけておかなければならない事はさまざまあるが、その第一は御学問である。学ばなければ昔からの道理にくらくなる。それで政治をよくし、太平をもたらした事は、いまだかつてない。そのことは貞観政要に明らかに書いてある。寛平の遺誡に、中国古典の経書や史書をきわめなくとも、群書治要を学習すべきだといっている。和歌は、光孝天皇からいまだ絶えていない。巧みな飾りことばにすぎないとはいえ、わが国の習俗である。捨て置いてはいけないと書いてある。禁秘抄に書き載せられていることを学ぶのが大事である。

天皇は、『禁秘抄』に書いてあることを学ぶのが大事だということである。『禁秘抄』は、順徳《じゅんとく》天皇（在位一二一〇～一二二一）が建保《けんぽう》元年（一二一三）に書いた有職故実書《ゆうそくこじつしょ》で、宮中行事・儀式・政務全般にわたる天皇として心得ておくべき故実を記したものである。重要なことは、天皇と朝廷が中世を通じて守るべき準則《じゅんそく》として大事にされてきたことにある。言ってみれば、『禁秘抄』は天皇家の家訓の位置にあった。

『禁秘抄』には「諸芸能事」という項があり、「第一御学問也」から始まる文章が記されている。全体の五分の一くらいに省略されているものの、諸法度第一条はまったく同じ文章である。すなわち諸法度第一条は、『禁秘抄』からの抜粋だった。天皇や公家にとって、とくに違和感のある条文ではなかったと思われる。

天皇が学問をする目的は、学問により治世の古道をあきらかにし、よりよい政治を行って太平をもたらすためである。その理屈は、『貞観政要』と『寛平御遺誡』により基礎づけられている。『貞観政要』は、中国の理想的徳治政治と讃えられた唐代の皇帝、太宗《たいそう》（五九八〜六四九）の政治（貞観の治）に関する言行録である。『群書治要』は、中国の先秦《せんしん》から晋《しん》までの六十七種の書物から政治の参考となる文章を抜粋したもので、太宗の命により六三一年に成立した。なお、『寛平御遺誡』は、宇多《うだ》天皇（在位八八七〜八九七）が皇太子（後の醍醐天皇）に書きおくった、天皇の心得や作法、および年中行事の書であり、後の歴代天皇が尊重した。池田温氏の研究によると、『貞観政要』は、わが国に平安時代から舶載されて公家、武家を問わず為政者に学ばれ、徳川家康も慶長五年（一六〇〇）、木活字本を出版させたほど注目していた。東アジア世界に共通の政治・道徳教本となり、帝王学の教科書だった。」

（註：二－八－四）【諸宗本山本寺諸法度（しょしゅうほんざんほんじしょはっと）】　平凡社『世界大百科事典　第二版』：「江戸幕府が仏教寺院、僧侶を統制するために発布した一連の法令。慶長六年（一六〇一）の〈高野山法度〉に始まり、元和二年（一六一六）まで四十六通が下されている。このうち慶長十九年（一六一四）までのものは個別寺院あてのものが多かったが、十五・十六年に各宗派本山に下されたことによって、従来あいまいであった宗派、本山を確定することになった。家康の政治顧問であった以心（金地院）崇伝がこれらの制定に関与している。その内容は宗学奨励、本寺末寺関係の確定、僧侶階位や寺格の厳正、私寺建立禁止などが主要なものである。」

（註：二－八－五）【藤原惺窩や林羅山】　吉川弘文館『國史大辞典』：「（徳川家康は）学問を愛好し、藤原惺窩や林羅山ら儒学者の講義を聞いたが、詩文には関心がなく、史書を通じて、唐の太宗や源頼朝を尊敬していた。学者らに命じて古書や古記録を蒐集させ、また『孔子家語』『貞観政要』『吾妻鏡』『大蔵一覧』『群書治要』などを活字版で出版させたことは、一面では幕府開創の準備に役立ったとともに、文運興隆の端緒となった。」坂本貞著『日本礼法史話』（電通出版部　一九四四）P130「又、家康は意を文教に用ひ之を以て治国の要義とした。蓋し戦乱後の世を治むるは文教を盛にして人倫を知らしむるに如かずと為したものであらう。故に兵馬倥偬（へいばこうそう＝戦乱で慌ただしいさま（筆者注））の間にもここに心を用ひ、文禄の役に秀吉に従って肥前の名護屋に在つた際、藤原惺窩を陣中に招いて経を講ぜしめた。惺窩は朱子学に通じ識見卓絶した学者であった。慶長十年にはその門人林羅山を聘して幕府の顧問とした。なほ慶長六年には学校を伏見に設け、七年には江戸城内に富士見亭文庫を造営して金澤文庫（かなざわぶんこ＝鎌倉期に北条実時が設けた武家の文庫（筆者注））の蔵書を移し、又広く国史・律令等古書を求めて之を五山の僧徒らに写さしめ、更に貞観正要（ママ）・三略・吾妻鑑・周易・大蔵一覧・群書治要等を刊行せしめた。」

【家康と文芸】「日本経済新聞文芸欄：シリーズエッセイ全六回『源氏物語千年の波紋』（三田村雅子：フェリス女学院大学教授）」より要約：徳川家康は、飛鳥井家から源氏物語の講義を受け秘伝を授かり、大坂城落城後も冷泉家や中院家に源氏物語の注や講読を頼んでいる。豊臣対徳川の対立の中で「公家の王朝文化を徳川が継承し、豊臣に代って庇護・掌握することを、朝廷や貴族に、大名らに示す身振りだった。」

【家康と宗教】　吉川弘文館『國史大辞典』：「（徳川家康の項）政治上では特定の学問や宗派を偏重しなかったが、個人としては浄土宗の信者で、自筆の日課念仏を残している。」

（註：二－八－六）【紅葉山文庫（もみじやまぶんこ）】　ＴＢＳブリタニカ『ブリタニカ国際大百科事典』：「江戸時代、

江戸城内紅葉山に設けられた幕府の文庫。寛永十六年（一六三九）徳川家康の富士見亭文庫を基礎として開設。四人の書物奉行が管理した。蔵書数は幕末で約十六万巻。明治維新後は政府の管理となり、一部が宮内庁書陵部に移管となっているほかは、国立公文書館が所蔵する。」

（註：二－八－七）【天海（てんかい）】　岩波書店『広辞苑（第五版）』：「江戸初期の天台宗の僧。南光坊と称。会津の人。南都北嶺を遊学した後、川越喜多院などに住す。徳川家康の知遇を受け、内外の政務に参画、延暦寺の復興と日光山の整備にも尽力。家康の死後、東照大権現の贈与と日光山改葬を主導。また、寛永寺を創建し、大蔵経を刊行、天海版と称せられる。諡号《しごう》は慈眼《じげん》大師（一五三六～一六四三）。」【以心崇伝（いしんすうでん）】　岩波書店『広辞苑（第五版）』：「江戸初期、臨済宗の学僧。徳川家康の側近。京都の人。幕府に用いられて僧録司となり、外交文書をつかさどり、公家・武家・諸寺諸宗の法度の制定に参与、「黒衣の宰相」と呼ばれた。諡号《しごう》、円照本光国師。諸外国との往復外交文書を集めた「異国日記」や「本光国師日記」がある。（一五六九～一六三三）」『デジタル版日本人名大辞典』：「一五六九－一六三三　織豊－江戸時代前期の僧。永禄《えいろく》十二年生まれ。臨済《りんざい》宗。京都南禅寺金《こん》地《ち》院の靖叔徳林の法をつぎ、慶長十年（一六〇五）同寺住持。徳川家康につかえ、外交事務、方広寺鐘銘事件や寺社行政、諸法度の起草、キリスト教の禁圧、紫衣《しえ》事件に関与し、幕府の基礎づくりに貢献。黒衣《こくえ》の宰相といわれた。江戸金地院の開山。寛永十年一月二十日死去。六十五歳。俗姓は一色《いっしき》。通称は金地院崇伝。諡号《しごう》は円照本光国師。著作に「異国日記」「本光国師語録」。」

（註：二－八－八）【東照宮（とうしょうぐう）】　吉川弘文館『國史大辞典』：「（徳川家康の項）元和二年（一六一六）四月十七日に七十五歳で病死した。遺言により、同夜に久能山に遺体を移し、吉田神道による神式で葬るとともに、江戸の増上寺にも仏式の廟を作った。こののち天海の主張する天台系の山王神道に基づき、東照大現権の神号が勅許されて、翌三年四月には下野《しもつけ》の日光山に改葬された。これにより、やがて「東照宮」または「東照神君」が、

家康に対する尊称となる。（尾藤正英）」

（註：二－八－九）【昌平坂学問所（しょうへいざかがくもんしょ）】　平凡社『世界大百科事典　第二版』：「江戸幕府直轄の学問所。江戸湯島にあり昌平黌《しょうへいこう》ともいう。寛政二年（一七九〇）寛政改革の一環として聖堂預りの林大学頭（信敬）に教学伸張の令（寛政異学の禁）を発し、つづいて学制規則を定め、庁堂学舎改作や教官補強の議がなされた。林家《りんけ》に依存した教育体制を改め、幕府直属の教育機関として制定したものである。柴野栗山、岡田寒泉、尾藤二州が儒官に任じられ、九十二年には教官官舎、講舎なども出来上がり、学四書、五経、歴史、策問の諸科の学問試問がおこなわれた。」

（註：二－八－十）【藩校（はんこう）】　石川松太郎著『藩校と寺子屋』（教育社、一九七八）P50：「江戸初期の寛永十八年（一六四一）に岡山藩がもうけた花畠教場を、寛文六年（一六六九）にいたり改組して成立した「新建学校」を藩校の先駆とすると、これより明治四年（一八七一）までの約二世紀のあいだに二百五十五校ほどの創設を見せている。こうした藩校がいちおうの組織をととのえて生まれてくるまでの過程には四つの類型があった。その一つは、藩士を対象として公開講釈のために設けた講堂から出立したもので、伊勢崎藩の学習堂や新発田藩の道学堂などが代表的であって、講道一棟が建物の眼目――というよりも建物の全体を構成している。その二は儒官の家塾をひきあげて藩校に組織したもので、久留里《くるり》藩の三近塾、岩槻《いわつき》藩の遷喬館《せんきょうかん》、明石藩の精義館をはじめ、例ははなはだ多い（略）。第三は、聖堂をたてて孔子祭（釈奠《せきてん》という）を実施する行事から出発して、この祭典に付帯する講釈のための講堂をもうけ、日ごろはここで素読や講義を行うようになり、後には弘道館（佐賀藩）・講堂（高松藩）といったようなどうどうたる藩校に成長していく行路をとったものである。その四は、水戸藩の弘道館、庄内藩の致道館、熊本藩の時習館のように、はじめから儒学教育の理念と構想とのもとに、雄大な規模と複雑な組織とをもって建営された藩校である。」

（註：二－八－十一）【寺子屋】　沖田行司著『日本人をつくった教育』（大巧社、二〇〇〇）P28：「それでは、こうした寺子屋は一体どれほどの普及率をもっていたのであろうか。明治の中期に文部省が旧幕時代の全国の藩校・郷校・寺子屋の調査を実施した。これにもとづいて「日本教育史資料」が刊行されたが、これによれば、寺子屋の総数は一万五千余りと記録されている。とりわけ、その開設は十九世紀に入ってから、いわゆる幕末期に急激に増加している。しかしながら、近年の町史や県史の編纂事業にともなう史料の発掘によって、寺子屋の総数も大幅に書きかえられ、実際にはこの倍近い寺子屋が存在していたと推定される。人口比から見れば、これは驚異的には現在の小学校に匹敵するものと考えられる。」

（註：二－八－十二）【私塾】　平凡社『世界大百科事典（第二版）』：主として江戸時代の学問・武芸・その他いろいろの芸道に関する民間教育機関をいい、教育の対象となったのは成年である。私塾はいずれの場合も教師の自宅が教場となり、寺子屋と同様に教師と経営者が同一人物である。これを塾主と呼ぶ。この点では教育者と経営者が分離している郷学や藩校（藩学）のような学校とは異なっている。私塾では塾主の学派などにもとづき、特定の学派を標榜《ひょうぼう》するものが多く、かつ塾主の学識と徳とを中心として共同学習する形態のものが多かった。

（註：二－八－十三）【家元（いえもと）】　岩波書店『広辞苑（第五版）』：「芸道で、その流祖の正統を伝える地位にある家・人。宗家《そうけ》。「――制度」」、小学館『日本国語大辞典』：「①能楽、舞踊、音曲、香道、茶道、華道、武術などの技芸で伝統を継承してきた家筋。室町時代から起こり、江戸時代に盛んになった。宗家。「家元制度」。」

第九節・徳川中期の文化政策　〈第十講〉

徳川幕府の八代将軍に紀州徳川家藩主の吉宗が就き[註二一-九-一]、幕政機構改革、法制整備、殖産奨励、武芸奨励など、後に享保の改革と呼ばれる一連の改革を着手する。[註二一-九-二]

武士たちは、戦の無い城勤めの泰平の世にあって、一層に「常に死を覚悟」する武士道の探究を深めていった。[註二一-九-三]そしてこの武士道精神は武士のみならず広く一般庶民にも影響を与えていった。[註二一-九-三]京の市井の人、石田梅岩の興した心学《しんがく》は、庶民にあるべき生活規範を判り易く説き　特に商人たちに誇りと勇気を与えた。[註二一-九-四]

儒学においては、秩序を重んじる朱子学から、実際の行動を問う陽明学が盛んとなり、より現実的な社会の改善を志向した。また、古典籍から日本の文化の基盤を探究する古学、すなわち後の国学は、神学・有職・記録・歌学、文法学などと展開しつつ、神国日本の道義を求めていった。[註二一-九-五]水戸光圀が編纂を開始した『大日本史』や頼山陽の著した『日本外史』などの史書とともに、[註二一-九-六]これら日本の歴史・古典・思想の蓄積が、幕末の黒船来航以降の尊皇攘夷運動の基盤となった。[註二一-九-七]

註釈：

（註二一-九-一）【徳川吉宗（とくがわよしむね）】　吉川弘文館『國史大辞典』：「江戸幕府八代将軍。（一六八四～一七五一）在位一七一六～一七四五。（略）その間三十年、積極的に改革にとり組み、多大の成果をあげて徳川中興の英主とうたわれた。（略）（大石慎三郎）」

（註：二－九－二）【享保の改革（きょうほうのかいかく）】　吉川弘文館『國史大辞典』：「（徳川吉宗の項）徳川政権下約百年の間に日本は経済的に大発展をとげ、庶民の生活も著しく向上し、元禄時代には繁栄と文化の華を咲かせるが、このころに幕藩体制的経済成長はほぼ上昇の坂を登りつめ、元禄から享保にかけては保合《もちあい》かややもすれば下降気味であった。なかんずく世間の繁栄をよそに領主財政は極端に悪化し『町人考見録』の記事が示すように、それが経済の足をひっぱる実情にあった。のみならず繁栄のもと世人の気風はゆるみ、なかんずく武士の士気のゆるみははなはだしかった。徳川幕藩体制を長びかせるためには、どうしても上からの思い切った対応が必要であった。将軍吉宗はまず綱紀粛正をはかるとともに、機構、なかんずく勘定所機構を改正するとともに、『公事方御定書』を編纂して、新しい社会に対応する法を定めるなど、法と機構による封建的官僚政治体制をあみだし、またみずから率先した思い切った倹約政策と年貢増徴策によって、幕初以来最悪の状況にあった幕府財政を立て直した。また元禄年間人口約百万といわれる巨大都市になっていた江戸の抱えていた数多い都市問題を、江戸町奉行大岡越前守忠相を指揮してつぎつぎと解決していった。これらを総称して享保の改革という。（大石慎三郎）」

【大岡忠相（おおおかただすけ）】　吉川弘文館『國史大辞典』：「一六七七～一七五一　江戸時代中期の幕臣、政治家。幼名は求馬、のち市十郎・忠右衛門と改む。摂政関白九条教実の流といわれ、先祖は徳川氏三河以来の譜代。（略）元禄十五年（一七〇二）書院番、宝永元年（一七〇四）御徒頭、同四年御使番、五年御目付を経て正徳二年（一七一二）山田奉行となり従五位下能登守に叙せられる。享保元年（一七一六）普請奉行に転じ、同二年二月三日（江戸）町奉行に昇進、越前守と改める。同七年関東地方御用掛を命ぜられ延享二年（一七四五）までこの職を兼務する。元文元年（一七三六）三月十二日寺社奉行に栄進、寛延元年（一七四八）閏十月朔日奏者番を兼ねる。この時（略）都合一万石の大名となり、三河国額田郡西大平（愛知県岡崎市）を居所とする。宝暦元年（一七五一）十一月二日病のため寺社奉行・奏者番両職の辞任を申し出たが、寺社奉行のみ許された。同年十二月十九日没。

七十五歳。（略）彼は誠実・勤勉・有能な官僚で、しかも将軍吉宗の信任も厚かったが、彼が将軍の意をむかえることに汲々としていたわけでは決してない。むしろ原則論を尊ぶ吉宗と、現実を重視する忠相とは、ことごとに意見が対立したといってよい。たとえば江戸時代でもっとも成功したといわれる元文の改鋳でも、反対する吉宗を、忠相らが米価安定のためには、改鋳がどうしても必要だと強引におし切った結果実現したのである。忠相の業績を要約すると、江戸市民生活安定のための努力ということになろう。彼は町奉行になるや、両替商ら当時の巨大商業資本の猛烈な抵抗をうけながらも安価な商品の江戸流入をめざして、江戸経済圏の通貨である金に対する、上方経済圏の通貨である銀の相場を安くしようとあらゆる努力をはらった。元文の改鋳ももちろんこれと関連している。また彼は物価問題は流通問題であるとして、流通界を問屋―仲買―小売という各檀段階ごとに組合組織にしたり、江戸市民を火災から守るために、町火消「いろは四十七組」をつくり、火災時の避難用地としての空き地の造出と管理に力を入れ、また貧困者や孤独者の施療のために小石川養生所をつくったりした。彼の名を昔から有名にしている「大岡政談」は、政治家とはかくあれかしという庶民の願望が託された虚像であって、その話も忠相とほとんど関係ないが、彼が当時の法をできるだけ現実の姿に近づけていこうと努力したことは事実である。なお、彼の日記に「大岡忠相日記」がある。（大石慎三郎）」

（註：二－九－三）【武士道】　北影雄幸著『武士道　十冊の名著』（勉誠出版、二〇一二）P191：「『葉隠《はがくれ》』の『武士道と云ふは、死ぬ事と見付けたり』と同時に、大道寺友山著『武道初心集』でもっとも人口に膾炙《かいしゃ》したのは、本書冒頭に置かれた次の一文です。『武士たらんものは正月元日の朝、雑煮の餅を祝ふとて箸《はし》を取り初《そ》むるより、其の年の大晦日《おおみそか》の夕《ゆうべ》に至る迄《まで》、日々夜々死を常に心にあつる（死を心に覚悟する）を以て本意の第一とは仕るにて候。』」ここで重要なのは、「死を常に心にあつる」ということで、「時に」ではなく「常に」ということが大切なのです。」

（註：二－九－四）【武士道精神】　笠谷和比古著『武士道』（NTT出版、二〇一四）P139：「武士道はもとより武士の社

会の中で生み出されたことには違いはないが、それは次第に武士の社会を超え出て一般庶民の間にも広まりを見せている。武士道というのは、日本の中の一握りの武士階層の問題にすぎず、一般の庶民には関係ない話であるなどと批判する向きもあるが、それは事実誤認だということである。武士道が一般庶民の間にも普及していたことは、先述の菱川師宣《ひしかわもろのぶ》が著した『古今武士道絵づくし』といった一般庶民向け絵本の存在によって確認される。（中略）そしてこの言葉はさらに徳川時代の庶民文化の代表である草双紙や歌舞伎・浄瑠璃の世界でも盛んに用いられていた。」

（註：二－九－五）【心学】　『石門心学の開祖　石田梅岩』（石田梅岩先生顕彰会、一九九九）P1：「石門心学とは『石田梅岩（一六八五～一七四四）が始めた人間性の本性を追及する学問、つまり人が生きていく上で必要な心のあり方を問い、それを心の修行として実践する学問』といえます。梅岩は独学による研鑽の積み重ねで、自己の心が天地自然と一体であり、この心が正直で素直であると確信し、それを人生の中でありのままに生かすことで、貪欲さや邪心をおさえることができると考えました。その具体的な実践論が心学として説かれています。そのキーワードとなるのが「正直」「勤勉」「倹約」「質素」などで、梅岩はこうした心の修行で人それぞれが本分を尽くせば、自己の平安、家族の幸福、社会の安定に大きく貢献できるとしたのです。梅岩自身、長年にわたり商人として生活してきた体験から、商家において、正道の商法、倹約・質素の精神こそが繁盛の条件とし、商家が栄えれば社会の繁栄にも通じ、そこに商人の社会的存在価値があると主張しました。当時は士農工商の身分制度が厳然としてありましたが、特に低い地位に置かれていた商人にとって、梅岩の教えは商人の役割を自覚させ、大きな共感をもって受け入れられたのです。」

（註：二－九－六）【朱子学（しゅしがく）】　吉川弘文館『國史大辞典』：「中国南宋の朱熹《しゅき》（朱子）によって確立した学説の大系。北宋中期（十一世紀中ごろ）に起った新儒学（宋学）（略）の学説を継承してこれを集大成し、独自

の学問体系を樹立したもの。（略）学問の理論体系の樹立だけに終らず、その理論に従って修養し自己の人格を聖賢の境地にまで高めることを目指す修養の学であり、さらにはその成果を政治の場にまで及ぼす「修己治人」であるところにその学問の本質があった。（略）朱子の晩年に朱子学は偽学として政治的弾圧を受けたが、朱子の没後やがて禁令が解け、朱子学は門弟やその門流を通じて全国に広まった。元明以降、特に十五世紀初め明の永楽以降は、科挙の試験における経書の解釈はもっぱら朱子学の学説によることとなって（これを朱子学が官学になったという）、朱子学は知識人・官僚層に広く深く浸透し、一般民衆も含めて中国人の生活を律する教学として清末まで勢力を持続した。（略）日本では、朱熹《しゅき》の没年にあたる正治二年（一二〇〇）にすでに『中庸章句』の写本が作られているように、宋との貿易などを通じて新注書は早くから伝えられており、五山の禅僧らの間で学習されるとともに、公家や上層の武士たちに次第に影響を与えたが、朱子学が本格的に受容され、社会の全般に大きな影響を及ぼすようになったのは、近世に入ってからであり、その初期には儒学界の主流としての地位を占めた。それを代表するのが藤原惺窩と、その系統に属する朱子学者たちで、惺窩が京都を中心に活躍したところから、京学とよばれた。惺窩の門下では、林羅山・松永尺五・堀杏庵・那波活所らが名高い。京学のほかにも、京都では朝山意林庵らが活躍し、また地方には、土佐に南学、薩摩に薩南学など、五山の学統を継承した学派が存在した。このようにして多くの朱子学者が現れた中で、朱子学の合理主義的な思考の方法をよく理解し、これを独自に発展させたものとしては、中江藤樹の『翁問答』や、新井白石の多くの著述などを挙げることができる。しかし他方で、南学の系統から出た山崎闇斎に代表されるように、「窮理」よりも「居敬」に重点を置き、禁欲主義を強調して、道徳の形式的な遵守を教えようとする傾向が現われ、この傾向が日本の朱子学のひとつの特色をなした。君臣上下の身分的秩序を絶対視する名分論が、しばしば朱子学者らによって説かれたことも、その点に関連している。（略）（尾藤正英）」

【陽明学（ようめいがく）】　吉川弘文館『國史大辞典』：「儒教の一派。中国、明代の王陽明（一四七二〜一五二八）によって唱えられた学説で、王学ともよばれ、また南宋の学者で朱熹（朱子）と見解が対立した陸象山（一一三九〜九二）の学風を継承・発展させたとみられることから、陸王学と連称されたりもする。明代の中国では、朱子学が科挙の標準としての官学となり、政治的な権威に支えられた学説となっていたが、その反面、思想上の活力を失い、形式的な道徳規範の遵守に重点を置く傾向が強くなった。これは朱子学のように、分析的、理気二元論的な思考の立場では生じやすい偏向であったが、これを是正しようとする意図に基づき、外面的な行動の規範よりも、個人の心の主体性を重視しようとする動きが、明代に発展し、それが陽明によって完成されたとみられる。その意味で、陽明学は心学ともよばれ、理学（性理学）としての朱子学と対比される。このような陽明学の特色は、陽明が唱えた「心即理」「知行合一《ちこうごういつ》」「致良知《ちりょうち》（良知《りょうち》を致《いた》す）」の三つの概念に集約されている。心の本性のみが「理」であるとするのではなく、人の心の全体としてのはたらきが、本来的に「理」すなわち道徳の原理と合致していることを意味する。「理」と「気」との関係からすれば、理気は不可分であるとし、むしろ理一元論に近い。「知行合一」とは、知ることはすなわち行うことであり、行うことが知ることであるとして、体験に密着した認識の重視を表象した言葉である。（略）日本で儒学が本格的に受容されるようになった近世の初期は、既に中国では明末のころにあたっており、したがって陽明学を含む明代儒学の影響は早くからあった。藤原惺窩の学問には、林兆恩ら明代の学者の説の影響が認められ、またその門人林羅山は、朱子学を正統とする立場から、惺窩との問答などの中で陽明学を批判していた。しかし陽明学を本格的に受容し、その信奉者を以て自任したのは、中江藤樹が最初であって、日本陽明学の祖とされる。（略）近世後期には藩校の設立に伴い、一般の武士の間に儒学が普及したが、その基本は朱子学であったとはいえ、もともと朱子学（宋学）と陽明学（明学）とは、ともに理気心性の学として、近似した性格を備えていたから、陽明学の知識も広まり、その思想に共鳴する人々も増加した。特に、吉田松陰・西郷隆盛・真木保臣（和泉守）・河井継之助ら、幕末維新期の政治運動の中で活躍した人々の間に、その影響が認められる点が注目される。（尾藤正英）」

（註：二一九一七）【尊皇攘夷運動の基盤】中澤伸弘著『やさしく読む　国学』（戎光祥出版、二〇〇六）P12「『江戸時代の国学』は、簡単に言ってしまえば『江戸時代に興った学問で、わが国の古典によって、仏教、儒教が伝来する以前のわが国民の国民性や文化を見出した学問』といえます。しかし、これですべてを言い表したとは言えません。（中略）江戸時代初期から明治にかけて展開していくうちに、実に幅広く豊かな学問に成長していきました。（中略）国学を大成したと言われる本居宣長は、国学の入門書である『うひ山ぶみ』の中で、この学問を「神学《しんがく》」「有職《ゆうそく》の学」「記録」「歌学《かがく》」の四つに分けています。（中略）P13　一言で「国学」と言い表わされる学問は、このように広い範囲を含みます。今日言うところの歴史、文学、文法、語彙《ごい》、考証、法律、思想など、実に広い土台がある「学際的」な学問でした。すべてをやりこなす国学者もいましたが、全員がそういうわけでもなく、ある人は歌文、ある人は神学と有職というように、得手・不得手があったのも事実です。いずれにしろ「日本の古典」を根拠にすることだけは共通しています。P37　しかし時代は着実に変化してゆき、文献に忠実なはずの国学の学問も平田篤胤《ひらたあつたね》没後はその変容を迫られるようになっていきます。国学の思想には漢意《からごころ》を去るということがあります。尊皇攘夷《そんのうじょうい》（天皇を尊び外国人を攘《はら》う）の思想なども、国学や水戸学に培われたものです。宣長も篤胤も、幕府（将軍）は天皇の委任によって統治をしているという形を肯定し、何とも思っていません。体制の中にいた人間だったのです。ですから、討幕という発想は元来ないのです。それがたび重なる攘夷の失敗により、幕府はもはや攘夷を断念、それがいつのまにか攘夷に積極性を示さなかった幕府に鉾先が向けられ、尊皇討幕へと動いていきました。宣長や篤胤が書物の上で記した「天照大神の御子孫にあたる天皇が統治する国」といった考えが、実際に「古い大御代への復古」という形で、大きなうねりの中で形成されていく気運となりました。もはや宣長も篤胤も、あずか

り知らぬことでした。」

(註:二-九-八)【大日本史(だいにほんし)】 吉川弘文館『國史大辞典』:「水戸藩主徳川家が編纂し、明治維新以降は同家が事業を継続して完成した漢文の歴史書。神武天皇から後小松天皇に至る時代を対象として中国の正史の体裁である紀伝体に従って叙述。本紀七十三巻、列伝百七十巻、志百二十六巻、表二十八巻、合計三百九十七巻(別に目録として五巻)から成る。第二代藩主徳川光圀はまだ世子時代の明暦三年(一六五七)、江戸神田の別邸(のち駒込、現在の文京区本郷の東京大学農学部構内)に史局を設けて修史事業を開始し、寛文十二年(一六七二)にはこれを小石川の本邸(現在の文京区後楽園付近)に移して彰考館と命名した。ここに全国各地から多くの学者を集めた(略)(鈴木暎一)」

【日本外史(にほんがいし)】 吉川弘文館『國史大辞典』:「源平二氏から徳川氏に至る武家の歴史書。漢文体。頼山陽著。二十二巻。文政十年(一八二七)には脱稿、しばらく写本で世に行われていたが、著者没後の天保七(一八三六)、八年ころ、はじめて出版された。著者は司馬遷の『史記』を手本とし、「紀・書・議・世家・策」の五分野より成る総合的な国史を書く計画を立てていたが、「紀」は『日本政記』、「議」は『通議』、「策」は『新策』となり、「世家」が『日本外史』となった。その体裁は、将軍となった家を「正記」とし、前後に有力な諸氏を「前記」あるいは「後記」として配列する。それぞれの「記」は、それぞれの「氏」の立場に立つので、同じ歴史上の事件が、視点を変えて記述されることになる。この書法の由来は『史記』にあるが、本書はその成功例である。また人物を活写する一法として、会話の部分をむりに典雅な漢文体に翻訳しなかった。またそれぞれの「記」の前後に論賛(都合十九首)を加えてあるが、人を驚かすような高踏的な史論に走ることなく、諷誦するに堪える格調の高い表現で正論を展開した。これらの諸点によって、本書は幕末を経て明治初年に至るまで、非常に流行した。(略)(頼　惟勤)」

（註：二一九一九）【尊皇攘夷】　広瀬　豊著『吉田松陰の士規七則』（国書刊行会、二〇一三）P1「幕末の英傑吉田松陰（一八三〇〜一八五九）は死に臨んで、神仏に救い（安心《あんじん》）を求めず、自らの信念を貫き、強靭な意志のもとに、見事なまでの死を全《まっと》うした、松陰三〇歳の若すぎる死は、まさに武士道の極致《きょくち》である。」

『同書』（P19〜29）

「冊子《さっし》を披繙《ひはん》すれば、嘉言《かげん》林のごとく、躍々《やくやく》として人に迫る。顧《おも》うに人読まず。即《も》し読むとも行わず。苟《まこと》に読みてこれを行わば、即ち千万世《せんばんせい》といえども、得て尽くすべからず。噫《ああ》、復《ま》た何をか言わん。然《しか》りといえども知る所あり、言わざること能《あた》わざるは人の至情《しじょう》なり。古人これを古《いにしえ》に言い、今、我これを今に言う。またなんぞ傷《やぶ》らん、士規七則を作る。」

一則目「一つ、凡《およ》そ、生まれて人たれば、よろしく人の禽獣《きんじゅう》に異なるゆえんを知るべし。けだし人には五倫《ごりん》あり、しかして君臣父子を最も大《おお》いなりとなす。ゆえに、人の人たるゆえんは忠孝を本《もと》となす。」

二則目「一つ、凡《およ》そ、皇国《こうこく》に生まれては、よろしくわが宇内《うだい》に尊きゆえんを知るべし。けだし皇朝《こうちょう》は万葉一統にして、邦国《ほうこく》の士大夫《したいふ》、世々《よよ》に禄位《ろくい》を襲《つ》ぐ。人君は民を養いて、祖業を続《つ》ぎたまい、臣民は君に忠して父志《ふし》を継ぐ。君臣一体、忠孝一致なるは、ただ、吾が国を然《しか》りとなす。」

三則目「一つ、士の道は義より大《おお》いなるは無し。義は勇によりて行われ、勇は義によりて長ず。」

四則目「一つ、士の行いは質実にして欺《あざむ》かざるをもって要《よう》となし、巧詐《こうそ》にして過《あやま》ちを文《かざ》るをもって恥となす。公明正大、皆これより出づ。」

五則目「一つ、人、古今に通ぜず、聖賢を師とせざれば、すなわち鄙夫《ひふ》のみ。書を読みて尚友《しょうゆう》するは君子の事なり。」

六則目「一つ、徳を成し、材を達するには、師恩友益《しおんゆうえき》の多さに居《い》る。ゆえに君子は交遊《こうゆう》を慎む。」

七則目「一つ、死してのちに已むの四字は、言簡《ことかん》にして義該《ぎか》ぬ。堅忍果決《けんにんかけつ》、確乎として抜くべからざるものは、これをおきて術《じゅつ》なきなり。」

「右の士規七則、約して三端《さんたん》となす。曰く、志を立てて万事の源となし、交わりを撰びて仁義の行いを輔《たす》け、書を読みて聖賢の訓《おしえ》を稽《かんが》える。士まことにここに得ること有らば、またもって成人と為すべし。」

（現代語訳）

書物にあふれる偉大な言葉は、人の気持ちを奮い立たせる力がある。しかし、今の人々は書を読まず、読んでも実行しない。もしもきちんと読んで実行したならば、千万世《せんまんせい》といえども受け継ぐに足る偉大な教えがある。ああ、何をか言うべきか。

そうは言っても、良き教えを知れば、どうしても伝えたくなるのが人情である。だから古人はこれを古《いにしえ》に述べ、私は今これを述べる、また何を憂えることがあろうか。ここに「士規七則」を作る。

一則目「一つ、およそ、人として生まれたならば、人が鳥や獣と違う理由を知らなければならない。思うに、人には、人として守るべき五つの道理があり、そのなかでも君臣と父子の関係が最も重要である。ゆえに、人が人であるための基本は忠と孝である。

二則目「一つ、日本に生まれたのであれば、まず日本の偉大なるところを知るべきである。日本は万世（万葉）一統の国であり、地位ある者たちは歴代にわたって責任ある禄位《ろくい》を世襲し、人君《じんくん》は民を養いて先祖伝来の功業を続ぎ、臣民は君に忠義を尽くして祖先の志を継いできた。君臣が一体であり、忠孝を一致して実行しているのは、ただわが国においてのみである。」

三則目「一つ、士の道において、義より大事なものはない。その義は勇によって行われるものであり、勇は義によって育つのである。」

四則目「一つ、士の行いは質朴実直にして、人を欺《あざむ》かないことが最重要で、巧みに人をだまし、偽ることを恥とする。人として公明正大がいかに大事であるかは、皆これを原点としている。」
五則目「一つ、人として生きながら、古今の真実に通ぜず、聖賢を師として学ばなければ、くだらぬ人物となってしまう。だから読書して古人を友とするのは君子の大事なつとめである。」
六則目「一つ、完成した徳を得たり、広く物事に通じる才能を育てるには、良き師の教導と、良き友との切磋琢磨《せっさたくま》がどれだけ必要か。だから、君子は交遊《こうゆう》を慎むのだ。」
七則目「一つ、死してのちに已《や》むの四字は、言葉上は簡単であるが、意味するものは遠大である。堅忍果決《けんにんかけつ》で、何事にも動ぜざる者になるためには、この言葉を置いて他にない。」
「この士規七則を要約すれば三点である。すなわち、志を立てて万事の原点とし、友を選んで仁義の行を助け、読書によって聖人の訓《おしえ》を学ぶ。士たる者、もしもここに得ることが有れば、また人と成るに足るであろう。」

第十節　明治維新の文化政策　〈第十一講〉

欧米列強のアジア侵略の波は、極東の日本にも押し寄せられてくるに及んで、我が国は独立存亡の危機に直面する。志士たちの決死の努力により、徳川から朝廷への大政奉還がなされ、明治維新が果たされた。慶応四年（明治元年）（一八六八）三月十四日に明治天皇が天地神明に誓われた五箇条の御誓文をもって、その後の国の行くべき道筋が示された。（註二－十一）明治天皇は東国への巡幸に際して歴代天皇としては初めて伊勢神宮を御参拝された。（註二－十二）明治政府は、日本の独立を維持するために、和魂洋才を合言葉として、洋式文化の導入を進めながら社会の近代化への改革を試みていった。（註二－十三）明治五年（一八七二）に学制が制定された。（註二－十四）

また、明治十五年（一八八二）には、新しく編成された国軍には「軍人勅諭」が下賜された。（註.二－十－五）同年には神宮皇學館が設立された。（註.二－十－六）また、新しい時代の教育の基本方針を示す「教育勅語」が渙発された。（註.二－十－七）そして立憲君主国として大日本帝国憲法が制定・公布された。（註.二－十－八）

明治天皇は折々に多くの御製《ぎょせい》（天皇の作られた和歌）を詠われ、国を思い世界の平和を願われた大御心をあらわされて、国民を導かれた。（註.二－十－九）

註釈：

（註.二－十－一）【五箇条の誓文（ごかじょうのせいもん）】　吉川弘文館『國史大辞典』：「明治政府発足当初の新政方針の声明。（慶応四年＝）明治元年（一八六八）三月十四日、京都御所の紫宸殿において公布されたもので、内容が五ヵ条からなり、天皇が神々にこれを誓約する形をとったので、五ヵ条の誓文（御誓文）という。有栖川宮熾仁親王の染筆にかかり、京都御所東山御文庫にある。（略）（大久保利謙）。」

「一、広ク会議ヲ興シ万機公論《ばんきこうろん》ニ決スベシ」

「一、上下《しょうか》心ヲ一《いつ》ニシテ盛《さかん》ニ経綸《けいりん》ヲ行《おこな》フベシ」

「一、官武一途《かんぶいっと》庶民ニ至ル迄《まで》各《おのおの》其《その》志《こころざし》ヲ遂《と》ケ人心《じんしん》ヲシテ倦《うま》ザラシメン事ヲ要ス」

「一、旧来《きゅうらい》ノ陋習《ろうしゅう》ヲ破《やぶ》リ天地《てんち》ノ公道《こうどう》ニ基《もと》クベシ」

「一、智識《ちしき》ヲ世界ニ求メ大《おおい》ニ皇基《こうき》ヲ振起《しんき》スベシ」

「我国《わがくに》未曾有《みぞう》の変革を為《なさ》んとし、朕躬《ちんみ》を以《も》て衆に先《さきん》じ、天地神明《てんちしんめい》に誓《ちか》ひ、大《おおい》に斯国是《このこくぜ》を定《さだ》め、万民保全《ばんみんほぜん》の道を立《たて》んとす。衆亦此《しゅうまたこの》旨趣《ししゅ》に基《もと》き協心努力《きょうしんどりょく》せよ。」

（註：二－十－二）【神宮行幸】　明治天皇陛下は四回にわたって伊勢に行幸された。

「明治　二年　（一八六九）　三月十二日　外宮・内宮　御参拝（東幸最後の際）」

「明治　五年　（一八七二）　五月二十六日　外宮・内宮　御参拝（大阪ならびに中国四国筋御巡幸の際）」

「明治十三年　（一八八〇）　七月八日　外宮・内宮　御参拝（山梨県・三重県・京都府御巡幸の際）」

「明治三十八年（一九〇五）十一月十六日外宮、十七日内宮　御参拝（日露平和克服御奉告）」

打越孝明著・明治神宮監修『明治天皇のご生涯』（新人物往来社、二〇一二）P56：「明治二年三月、天皇は京都を出発し、東京再幸の途につかれました。伊勢の神宮では、再幸の安泰を念じて祈祷が捧げられました。三月十二日（新暦四月二十三日）、明治天皇は歴代天皇として初めて神宮をご親拝になりました。前例がないため、儀式の次第は新たに定められています。黄櫨染御袍《こうろぜんのごほう》をお召しになった天皇は、午前に豊受大神宮《とようけだいじんぐう》（外宮）、午後には宇治橋を渡って皇大神宮《こうたいじんぐう》（内宮）にご親拝され、玉串を奉りて王政復古を奉告するとともに、皇祖天照大御神に国運の発展を祈願されました。なお、明治二年九月、伊勢の神宮では第五十五回の式年遷宮が行われました。」

（註：二－十－三）【和魂洋才（わこんようさい）】　岩波書店『広辞苑（第五版）』：「（明治以降『和魂漢才』をもじってできた語）日本固有の精神と西洋の学問。日本固有の精神を以て西洋の学問・知識を学びとること。『國史大辞典』：「主体的社会的道徳的行動規範としては日本の伝統を、技術的科学的知識としては西洋から受容したものを、それぞれ活用するという意味。幕末から明治にかけての西洋近代文化の急激広汎な摂取にあたっての心がまえとして「和魂漢才」という対照的用語例を、言いかえたもの。もとは『東洋の道徳、西洋の芸（科学・技術という意味での芸術の略）』という佐久間象山の用語にその思想の源流が見出される。（略）（家永三郎）」

【和魂漢才（わこんかんさい）】　岩波書店『広辞苑（第五版）』：「〔菅家遺誡〕日本固有の精神と中国の学問。また、この両者を融合すること。日本固有の精神を以て中国から伝来した学問を活用することの重要性を強調している。」　『國史大辞典』:「「やまとだましひ」と「からざえ」という対をなす概念の漢語表現。「やまとだましひ（大和魂）」という語は摂関政治期にはじめて見えるが、その用例では、当時の本格的学問であった漢籍による学問的知識としてのからざえに対して、日常的あるいは実用的判断力ないし処世術を指し、この両語で生活の知恵と机上の概念とを対照させたのであった。中国伝来のものと日本的なものとの対比に和漢を冠する例は「大和絵」と「唐絵」、「和歌」と「からうた」など珍しくなく、「やまとだましひ」と「からざえ」もその一つにすぎない。幕末の平田派国学者に至り、国粋主義的政治的意味が与えられ、『菅家遺誡』の一章に「和魂漢才」の語が竄入《さんにゅう》されて以来、古代での意義と異なる用法が広まっていく。（略）（家永三郎）」

【和魂（わこん）】岩波書店『広辞苑（第五版）』:「日本人固有の精神。やまとだましい。」

【大和魂（やまとだましい）】岩波書店『広辞苑（第五版）』:「① 漢才《かんざい・からざえ》すなわち学問（漢学）上の知識に対して、実生活上の知恵・才能。和魂《わこん》。源氏物語（少女）「才を本としてこそ、大和魂の世に用ひらるる方も」→漢才。② 日本民族固有の精神。勇猛で潔いのが特性とされる。椿説弓張月・後編「事に迫りて死を軽んずるは、大和魂なれど多くは慮《おもんぱかり》の浅きに似て、学ばざるの悞《あやまち》なり」」　小学館『日本国語大辞典』:「①「ざえ（漢才）」に対して、日本人固有の知恵・才覚または思慮分別をいう。学問・知識に対する実務的な、あるいは実生活上の才知、能力。やまとごころ。やまとこころばえ。源氏物語（乙女）（一〇〇一〜一四頃）「才を本としてこそ、やまとたましひの世に用ひらるる方も」。今昔（一一二〇頃か）二九・二〇「善澄才は微妙《めでた》かりけれども、露、和魂无《な》かりける者にて、此るる心幼き事を云て死ぬる也とぞ」。愚管抄（一二二〇）四・鳥羽「公実がらの、和漢の才にとみて、北野天神の御あとをもふみ、又知足院殿に人がらやまとだましいのまさりて」古典と現代文学（一九五五）〈山本健吉〉「大和魂とは、漢才が学問を意味するのに対して、貴族たるものの生活上の規範となるべき心持ちであり」②

日本民族固有の気概あるいは精神。「朝日ににおう山桜花」にたとえられ、清浄にして果敢で、事に当たっては身命をも惜しまないなどの心情をいう。天皇制における国粋主義思想の、とりわけ軍国主義思想のもとで喧伝された。やまとだま。やまとぎも。読本・椿説弓張月（一八〇七～一一）後・二十五回「事に迫りて死を軽んずるは、日本《やまと》だましひなれど多くは慮の浅きに似て」。吾輩は猫である（一九〇五～〇六）〈夏目漱石〉六「東郷大将が大和魂を有って居る」。夜明け前（一九三二～三五）〈島崎藤村〉第二部・下・一〇・二「不羈独立して大和魂を堅め」」

【源氏物語の大和魂】　鈴木日出男『源氏物語ハンドブック』（三省堂、一九九八）P163「当時の教養は、（略）男子は、官僚貴族として身を立ててゆくために、漢詩文の教養が必須であった。光源氏は、みずからの宮廷での成長が世間知らず、苦労知らずであったと顧みるところから、「才（漢学）をもととしてこそ、大和魂（実務能力）の世に用ゐらるる方も、強うはべらめ」という信念のもと、夕霧を大学に通わせてしっかりした実力を身につけさせようとする。（少女）」

【大和心（やまとごころ）】小学館『日本国語大辞典』：「①やまとだましい（大和魂）①に同じ。⟷漢心《からごころ》。赤染衛門集（一〇四一～五三）「から国のもののしるしのくさぐさをやまとごころにとりしとやみん」。大鏡（12C前）四・道隆「大弐殿ゆみやのもとすゑもしりたまはねば、いかがとおぼしけれど、やまとごころかしこくおはする人にて」②やさしくやわらいだ心。優美で柔和な心情。浮世草子・傾城色三味線（一七〇一）江戸・四「いかにしても琴浦さまの手前あればと、大和心《やまとごころ》になって、大きにやはらいだる口上」。石上稿（一七四八～一八〇一）寛政二年庚戌詠「敷しまの倭こころを人とはば朝日ににほふ山さくら花」補注：②の挙例「石上稿」の本居宣長の歌は、優美で至純な民族性をうたったものであるが、のちに、花の散るいさぎよさの解釈が強調され、やまとだましい（大和魂）②に結びついていった。」

（註：二－十－四）【学制】　岩波書店『広辞苑（第五版）』：「①学校に関する制度。②明治五年（一八七二）に制定さ

れた日本で最初の近代学校制度に関する規定。欧米の学校制度を参考とし、全国を大学区・中学区・小学区に分け、各学区に大学校・中学校・小学校を設置することを計画したが、計画通りには実施されず、明治十二年（一八七九）教育令の制定により廃止。」　吉川弘文館『國史大辞典』：「わが国の近代学校制度に関する最初の基本法令。明治五年（一八七二）八月に発布され、その後条文の改正および追加が行われた。この「学制」によって、全国に小学校が設立され、またその他の近代学校はその後成立し発展したのである。（略）（仲　新）」

（註：二－十－五）【軍人勅諭（ぐんじんちょくゆ）】　三省堂『大辞林』：「明治十五年（一八八二）、天皇が軍人に与えた訓戒の勅諭。『陸海軍人に下し賜はりたる勅諭』という。忠節・礼儀・武勇・信義・質素を説き、軍人の天皇への忠誠を求めた。軍人の精神教育の基礎。」

「我国の軍隊は、世々天皇の統率し給ふ所にぞある。昔神武天皇躬《み》づから大伴物部《おおともものべ》の兵《つわもの》どもを率ゐ、中国《なかつくに》のまつろはぬものどもを討ち平げ給ひ、高御座《たかみくら》に即《つ》かせられて、天下《あめのした》しろしめし給ひしより、二千五百余年を経ぬ。（中略）

一　軍人は忠節を尽すを本分とすべし。
一　軍人は礼儀を正しくすべし。
一　軍人は武勇を尚《とうと》ぶべし。
一、軍人は信義を重んすへし。
一、軍人は質素を旨とすへし。（各項の詳述を略す）

」

（註：二－十－六）【皇學館大学】　吉川弘文館『國史大辞典』：「（神宮皇學館の項）わが国の道義・文学の研究と教育ならびに普及を目的として設立された専門学校。三重県伊勢市にあった。明治十五年（一八八二）四月、神宮祭主久邇宮朝彦親王の令旨により、神宮神官の子弟に皇学を研修させるために、度会郡宇治今在家町の林崎文庫内

に創設されたが、同二十年校舎を宇治浦田町に新築移転して、広く学生を一般に募ることとなった。爾来しばしば館制・学制の改正があって、同二十九年校舎を宇治舘町に新築移転し、ついで三十六年勅令を以て神宮皇學館官制が公布せられるに及び、はじめて内務省所管の官立専門学校となった。大正七年（一九一八）一月、現在の伊勢市倉田山に改築移転した。本科の修学年限は四年、全寮制で一学年の定員は二十五名の少数教育であった。卒業生は神社界ならびに教育界などで活躍している。昭和十五年（一九四〇）四月神宮皇學館大學官制が公布され、文部省所管官立単科大学になり、予科・付属専門部を併設、初代大学長に山田孝雄《よしお》が任命された。終戦後、神道指令に基づいて、同二十一年三月廃校、同三十七年建学の精神を受け継いだ皇学館大学が、私学として再興されて現在に至っている。（小島鉦作）」

令旨

（註：二－十－七）【教育勅語（きょういくちょくご）】　全国神社総代会『教育勅語の心を今に』：「教育勅語は明治二十三年（一八九〇）十月三十日に渙発されました。そこで渙発に至るまでの経緯について簡単に触れます。

　明治五年、時の政府は、近代化政策の一環として欧米の教育制度にならい「学制」を定めます。国中どこに行っても学校があるようにと国内を八大学区に分けて、誰もが入学できる学校をつくるという画期的な制度でした。しかし、その一方、この法律を発布する際に示された『学制被仰出書《がくせいおおせいだされがき》』には「人々自ら其身《そのみ》を立て其産《しんだい》を治め」、「学問は身を立るの財本《もとで》ともいふべきものにして」とあるように、功利主義的な風潮を国民の間に芽ばえさせる結果ともなりました。こうした傾向は明治十五年以降、鹿鳴館時代に至ると、益々、その極端な欧化主義により浸透してゆきました。また一方では、当時使用されていた教科書は、諸外国の翻訳版を使用していたため、昔からの馴染みのある考え方とは食い違うところもあり、道徳観、価値観の相違により、少なからず混乱が生じてきました。

　こうした状況の中で、日本固有の歴史と伝統を踏まえた教育の方針を定めようとする要望が澎湃《ほうはい》と高まります。

明治二十三年二月の地方長官会議では、岩手県令石井省一郎より従来の矛盾した道徳教育の在り方を根本的に改善する要求があり、そうした要望は、さらに強まります。そこで、かねてより教育問題に大御心を傾けておられた明治天皇の深い思召しに即して、文部省は国民誰もが簡単に読むことができる天皇さまからのお言葉、いわゆる教育勅語の草案作成へと乗り出すのです。

当時、文部大臣であった芳川顕正《よしかわあきまさ》（一八四一〜一九二〇）は、この大任を榎本武揚《えのもとたけあき》（一八三六〜一九〇八）前文相より引き継ぎ、親任式に際し明治天皇より「徳教の事に十分力を尽せ」とのお言葉を賜わり、感激して教育勅語完成に向け奔走します。当初、起案者として選ばれたのは、名文家として知られていた元東京帝国大学教授、元老院議官の中村正直《なかむらまさなお》（一八三二〜一八九一）でした。しかし中村の素案は、法制局より儒教的色彩が濃いなどの問題が指摘されたため、改めて法制局長官井上毅《いのうえこわし》（一八四三〜一八九五）が起案者として採用されました。井上は、天皇に信任の厚い枢密院顧問官元田永孚《もとだながざね》（一八一八〜一八九一）に協力を求め、天皇の御意見を承りながら両者検討を重ねること数ケ月、教育勅語の文案はここに完成に至ります。

こうして完成した教育勅語は、明治二十三年十月三十日に渙発され、諸外国に通用する教育の指針であるとして、内外の高い評価を受けます。以後、教育勅語は国民教育の根本理念として大きな役割を果してきましたが、戦後は、「教育基本法」（昭和二十二年、連合国総司令部の指導のもと策定された。当初、本法令に対する批判は、非常に強かったが、時間の経過とともに日教組等、擁護派が台頭し、今日まで、改正の是非をめぐって議論が繰り返されている）の施行により、もはや過去の文章として扱われているというのが現状です。しかし、勅語として語られた明治陛下のお言葉は、普遍的な内容で、現代においても立派に通用するものです。今日、様々な社会問題が指摘され、国家、国民の理念や社会共同体、家庭の在り方が問い直されつつあります。こうした状況に立ち至ったのは、とりも直さず、現代社会、地域、家庭、学校の中で見失われてしまったものが、教育勅語の中に多く込められていることの証《あかし》であるとも言えます。

「教育勅語」（教育ニ関スル勅語）

朕惟《ちんおも》フニ、我カ皇祖皇宗《こうそこうそう》、國《くに》ヲ肇《はじ》ムルコト宏遠《こうえん》ニ、徳《とく》ヲ樹《た》ツルコト深厚《しんこう》ナリ。我《わ》カ臣民《しんみん》、克《よ》ク忠《ちゅう》ニ、克《よ》ク孝《こう》ニ、億兆心《おくちょうこころ》ヲ一《いつ》ニシテ、世世厥《よよそ》ノ美《び》ヲ濟《な》セルハ、此《こ》レ我《わ》カ國體《こくたい》ノ精華《せいか》ニシテ、教育《きょういく》ノ淵源亦實《えんげんまたじつ》ニ此《ここ》ニ存《ぞん》ス。

爾臣民《なんじしんみん》、父母《ふぼ》ニ孝《こう》ニ、兄弟《けいてい》ニ友《ゆう》ニ、夫婦相和《ふうふあいわ》シ、朋友相信《ほうゆうあいしん》シ、恭儉己《きょうけんおの》レヲ持《じ》シ、博愛衆《はくあいしゅう》ニ及《およ》ホシ、學《がく》ヲ修《おさ》メ業《ぎょう》ヲ習《なら》ヒ、以《もっ》テ智能《ちのう》ヲ啓發《けいはつ》シ、徳器《とっき》ヲ成就《じょうじゅ》シ、進《すすん》テ公益《こうえき》ヲ廣《ひろ》メ、世務《せいむ》ヲ開《ひら》キ、常《つね》ニ國憲《こくけん》ヲ重《おも》シ、國法《こくほう》ニ遵《したが》ヒ、一旦緩《いったんかん》急《きゅう》アレハ、義勇公《ぎゆうこう》ニ奉《ほう》シ、以《もっ》テ天壤無窮《てんじょうむきゅう》ノ皇運《こううん》ヲ扶翼《ふよく》スヘシ。是《かく》ノ如《ごと》キハ、獨《ひと》リ朕《ちん》カ忠良《ちゅうりょう》ノ臣民《しんみん》タルノミナラス、又以《またもっ》テ爾祖先《なんじそせん》ノ遺風《いふう》ヲ顯彰《けんしょう》スルニ足《た》ラン。

斯《こ》ノ道《みち》ハ實《じつ》ニ我《わ》カ皇祖皇宗《こうそこうそう》ノ遺訓《いくん》ニシテ、子孫臣民《しそんしんみん》ノ倶《とも》ニ遵守《じゅんしゅ》スヘキ所《ところ》、之《これ》ヲ古今《ここん》ニ通《つう》シテ謬《あやま》ラス、之《これ》ヲ中外《ちゅうがい》ニ施《ほどこ》シテ悖《もと》ラス。朕爾臣民《ちんなんじしんみん》ト倶《とも》ニ、拳々服膺《けんけんふくよう》シテ、咸其徳《みなそのとく》ヲ一《いつ》ニセンコトヲ庶幾《こいねが》フ。

明治二十三年十月三十日　御《ぎょ》名《めい》御《ぎょ》璽《じ》

（現代語訳）（～国民道徳協会訳文による～）

私は、私達の祖先が、遠大な理想のもとに、道義国家の実現をめざして、日本の国をおはじめになったものと信じます。そして、国民は忠孝両全の道を全うして、全国民が心を合わせて努力した結果、今日に至るまで、見事な成果をあげて参りましたことは、もとより日本のすぐれた国柄の賜物といわねばなりませんが、私は教育の根本もまた、道義立国の達成にあると信じます。

国民の皆さんは、子は親に孝養を尽くし、兄弟・姉妹は互いに力を合わせて助け合い、夫婦は仲睦まじく解け合い、友人は胸襟を開いて信じ合い、そして自分の言動を慎み、全ての人々に愛の手を差し伸べ、学問を怠らず、職業に専念し、知識を養い、人格を磨き、さらに進んで、社会公共のために貢献し、また、法律や、秩序を守ることは勿論のこと、非常事態の発生の場合は、真心を捧げて、国の平和と安全に奉仕しなければなりません。そして、これらのことは、善良な国民としての当然の努めであるばかりでなく、また、私達の祖先が、今日まで身をもって示し残された伝統的美風を、さらにいっそう明らかにすることでもあります。

このような国民の歩むべき道は、祖先の教訓として、私達子孫の守らなければならないところであると共に、この教えは、昔も今も変わらぬ正しい道であり、また日本ばかりでなく、外国で行っても、間違いのない道でありますから、私もまた国民の皆さんと共に、祖父の教えを胸に抱いて、立派な日本人となるように、心から念願するものであります。

（註：二ー十ー八）【大日本帝国憲法】　三省堂『大辞林』：「明治二十二年（一八八九）二月十一日、明治天皇によって制定・公布された欽定憲法。明治二十三年（一八九〇）十一月二十九日施行。七章七十六条から成り、天皇の大権、臣民の権利・義務、帝国議会の組織、輔弼《ほひつ》機関、司法、会計などに関して規定する。天皇主権・統帥権の独立などを特色とする。昭和二十二年（一九四七）五月二日まで存続。帝国憲法。明治憲法。旧憲法。」

「告文《こうぶん》　皇朕《わ》レ謹《つつし》ミ畏《かしこ》ミ　皇祖皇宗《こうそこうそう》ノ神霊《しんれい》ニ誥《つ》ケ白《まう》サク　皇朕《わ》レ天壌無窮《てんじょうむきゅう》ノ宏謨《こうぼ》ニ循《したが》ヒ惟神《ただかみ》ノ宝祚《ほうそ》ヲ承継《しょうけい》シ旧図《きゅうと》ヲ保持《ほじ》シテ敢《あへ》テ失墜《しっつい》スルコト無《な》シ　顧《かへり》ミルニ世局《せいきょく》ノ進運《しんうん》ニ膺《あた》リ人文《じんもん》ノ発達ニ随《したが》ヒ宜《よろし》ク　皇祖皇宗《こうそこうそう》ノ遺訓《いくん》ヲ明徴《めいちょう》ニシ典憲《てんけん》ヲ成立シ条章《じょうしょう》ヲ昭示《しょうじ》シ内《うち》ハ以《もち》テ子孫《しそん》ノ率由《そつゆう》スル所《ところ》ト為《な》シ外《そと》ハ以《もっ》テ臣民翼賛《しんみんよくさん》ノ道《みち》ヲ広《ひろ》メ永遠《えいえん》ニ遵行《じゅんこう》セシメ　益々《ますます》国家ノ丕基（ひき〈＝国家統治の基礎〉）ヲ鞏固《きょうこ》ニシ八洲民生（やしま〈＝日本の美称〉　みんせい〈＝日本臣民の生活〉）ノ慶福《けいふく》ヲ増進《ぞうしん》スヘシ　茲《ここ》ニ皇室典範及《こうしつてんぱんおよび》憲法ヲ制定ス　惟《おも》フニ此《こ》レ皆皇祖皇宗《みなこうそこうそう》ノ後裔《こうえい》ニ貽《のこ》シタマヘル統治《とうち》ノ洪範《こうはん》ヲ紹述《しょうじゅつ》スルニ外《ほか》ナラス　而《しか》シテ朕《ちん》カ躬《み》ニ逮《および》テ時《とき》ト倶《とも》ニ挙行《きょこう》スルコトヲ得《う》ルハ洵《まこと》ニ　皇祖皇宗《こうそこうそう》及我《およびわ》カ皇考《こうこう》ノ威霊《いれい》ニ倚藉《いしゃ》スルニ由《よ》ラサルハ無《な》シ　皇朕《わ》レ仰《あおぎ》テ　皇祖皇宗及皇考《こうそこうそうおよびこうこう》ノ神祐《しんゆう》ヲ祷《いの》リ　併《あわ》セテ朕カ現在及

将来ニ臣民《しんみん》ニ率先《そっせん》シ　此《こ》ノ憲章《けんしょう》ヲ履行《りこう》シテ愆《あやま》ラサラムコトヲ誓《ちか》フ　庶幾《ねがわ》クハ　神霊《しんれい》此《こ》レヲ鑒《かんがみ》ミタマヘ」」

（註.二－十－九）【御製（ぎょせい）】　打越孝明著・明治神宮監修『明治天皇のご生涯』（新人物往来社、二〇一二）P140・・

「明治天皇は、そのご生涯において約十万首（九万三千三十二首）の御製《ぎょせい》をお詠みになりました。ご生涯を通じて毎日四首以上を読み続けないと、この総数には達しません。歌人の木俣修氏は次のように述べています。『歌数だけで歌人の価値を決定することはできないにしても、生涯に十万の作をなしたという歌人は古今を通じて明治天皇ただお一人であるといってよい。しかもそれは風流韻事をこととしている閑人ならいざしらず、新生日本建設のためにあらゆる困難をなしとげた帝王の座にあっての仕事であった。その繁忙は想像を絶するほどのものであったと思うのであるが、そのなかで超人的なこの歌人としての業績を残されているということは偉大なことであるといわなければならぬ。（中略）明治天皇の御事跡を研究する面はさまざまにあろうが、歌人としての面を探ることなくしては、その人間を知ることは一歩たりともできないであろうと、私は思っている。（評論・明治大正の歌人たち）』」

よもの海みなはらかたと思ふ世になど波風のたちさわぐらむ

第十一節．占領軍下の文化政策　〈第十二講〉

大東亜戦争の終戦においては、昭和天皇が自ら国民に告げる終戦の詔勅が、昭和二十年（一九四五）八月十五日正午にラジオを通じて放送された（玉音放送）（註.二－十一－一）。国民は勅に従って粛々と武装解除した。連合軍の占領下にGHQによってなされた文化政策は、日本の文化を粉砕させようとするものであった。それは報道機関への検閲の元、日本人自身の手による改革に見せかけた巧妙なものであった（註.二－十一－二）。特に東京裁判・日本国憲法・神道

司令・教育基本法・臣籍降下などは、日本人の歴史・文化を分断しようとする文化政策であった。(註二―十一―三)
昭和天皇はマッカーサーと単独会見し、これはマッカーサーに深い感慨を与えた。(註二―十一―四) 明けて昭和二十一年（一九四六）正月には新日本建設に関する詔勅を発表、(註二―十一―五) 二月から全国巡幸を開始されて、国民を励まされ、国民と共に復興への道を歩まれた。(註二―十一―六)

註釈：

（註二―十一―一）【終戦の詔勅（＝玉音放送）】平凡社『世界大百科事典』：「昭和二十年（一九四五）八月十五日正午、天皇みずからが大東亜戦争の終結を国民に告げるために、円盤録音によって行った終戦詔書のラジオ放送。」

「終戦ノ詔書」本文

朕《ちん》深ク　世界ノ大勢ト　帝國ノ現状トニ鑑《かんが》ミ　非常ノ措置《そち》ヲ以《もっ》テ　時局ヲ収拾セムト欲《ほっ》シ　茲《ここ》ニ　忠良《ちゅうりょう》ナル爾《なんじ》臣民《しんみん》ニ告ク

朕《ちん》ハ　帝國政府ヲシテ　米英支蘇《べいえいしそ》　四國《よんこく》ニ對《たい》シ　其《そ》ノ共同宣言ヲ受諾《じゅだく》スル旨《むね》　通告セシメタリ

抑々《そもそも》　帝國臣民ノ康寧《こうねい》ヲ圖《はか》リ　萬邦共榮《ばんぽうきょうえい》ノ樂《たのしみ》ヲ偕《とも》ニスルハ　皇祖皇宗《こうそこうそう》ノ遺範《いはん》ニシテ　朕《ちん》ノ拳々《けんけん》措《お》カサル所　曩《さき》ニ米英二國ニ宣戦セル所以《ゆえん》モ亦《また》　實ニ帝國ノ自存《じそん》ト　東亜ノ安定トヲ庶幾《しょき》スルニ出《い》テ　他國ノ主權ヲ排《はい》シ　領土ヲ侵《お》カス如《ごと》キハ　固《もと》ヨリ朕《ちん》カ　志《こころざし》ニアラス

然《しか》ルニ　交戰已《すで》ニ四歳《よんさい》ヲ閲《けみ》シ　朕《ちん》カ陸海将兵ノ勇戰《ゆうせん》　朕《ちん》カ百僚有司《ひゃくりょうゆうし》ノ勵精《せいれい》　朕《ちん》カ一億衆庶《しゅうしょ》ノ奉公《ほうこう》　各々最善ヲ盡《つく》セルニ拘《かか》ラス　戰局必スシモ好轉セス　世界ノ大勢亦我《たいせいまたわれ》ニ利《り》アラス

加之《しかのみならず》　敵ハ新《あら》ニ残虐ナル爆彈ヲ使用シテ　頻《しき》ニ無辜《むこ》ヲ殺傷シ　惨害《さんがい》ノ及《およ》フ所　眞《まこと》ニ測《はか》ルヘカラサルニ至ル

而《しか》モ　尚《なお》　交戰ヲ繼續《けいぞく》セムカ　終《つい》ニ我カ民族ノ滅亡ヲ招来《しょうらい》スルノミナラス　延《ひい》テ人類ノ文明ヲモ破却《はきゃく》スヘシ
斯《かく》ノ如《ごと》クムハ　朕《ちん》何ヲ以《もっ》テカ　億兆ノ赤子《せきし》ヲ保《ほ》シ　皇祖皇宗《こうそこうそう》ノ神靈《しんれい》ニ謝《しゃ》セムヤ
是《こ》レ　朕《ちん》カ帝國政府ヲシテ　共同宣言ニ應《おう》セシムルニ至レル所以《ゆえん》ナリ
朕《ちん》ハ　帝國ト共ニ　終始《しゅうし》東亜ノ開放ニ協力セル諸盟邦《しょめいほう》ニ對《たい》シ　遺憾《いかん》ノ意ヲ表《ひょう》セサルヲ得《え》ス
帝國臣民ニシテ　戰陣ニ死シ　職域《しょくいき》ニ殉《じゅん》シ　非命《ひめい》ニ斃《たお》レタル者　及其《およびそ》ノ遺族ニ想《おもい》ヲ致《いた》セハ　五内為《ごだいため》ニ裂《さ》ク
且《かつ》　戰傷《せんしょう》ヲ負《お》ヒ　災禍《さいか》ヲ蒙《こうむ》リ　家業《かぎょう》ヲ失《うしな》ヒタル者ノ厚生《こうせい》ニ至リテハ　朕《ちん》ノ深ク軫念《しんねん》スル所ナリ
惟《おも》フニ　今後帝國ノ受クヘキ苦難ハ　固《もと》ヨリ尋常《じんじょう》ニアラス
爾臣民《なんじしんみん》ノ衷情《ちゅうじょう》モ　朕善《ちんよ》ク之《これ》ヲ知ル
然《しか》レトモ朕《ちん》ハ　時運《じうん》ノ趨《おもむ》ク所　堪《た》ヘ難《がた》キヲ堪ヘ　忍《しの》ヒ難《がた》キヲ忍ヒ　以《もっ》テ萬世《ばんせい》ノ為《ため》ニ　大平《たいへい》ヲ開カムト欲ス
朕《ちん》ハ茲《ここ》ニ　國體《こくたい》ヲ護持《ごじ》シ得《え》テ　忠良《ちゅうりょう》ナル爾《なんじ》臣民ノ赤誠《せきせい》ニ信倚《しんい》シ　常ニ爾《なんじ》臣民ト共ニ在《あ》リ
若《も》シ夫《そ》レ　情《じょう》ノ激《げき》スル所　濫《みだり》ニ事端《じたん》ヲ滋《しげ》クシ　或《あるい》ハ同胞排儕《どうほうはいせい》　互《たがい》ニ時局《じきょく》ヲ亂《みだ》リ　為《ため》ニ　大道《たいどう》ヲ誤リ　信義《しんぎ》ヲ世界ニ失《うしな》フカ如《ごと》キハ　朕最《ちんもっと》モ之《これ》ヲ戒《いまし》ム
宜《よろ》シク　擧國一家《きょこくいっか》子孫相傳《しそんあいつた》ヘ　確《かた》ク神州《しんしゅう》ノ不滅《ふめつ》ヲ信《しん》シ　任《にん》重クシテ道《みち》遠キヲ念《おも》ヒ　總力《そうりょく》ヲ将来《しょうらい》ノ建設ニ傾《かたむ》ケ
道義《どうぎ》ヲ篤《あつ》クシ　志操《しそう》ヲ鞏《かた》クシ　誓《ちかっ》テ國體《こくたい》ノ精華《せいか》ヲ発揚《はつよう》シ　世界ノ進運《しんうん》ニ後《おくれ》レサラムコトヲ期《き》スヘシ
爾臣民《なんじ》　其《そ》レ克《よ》ク朕《ちん》カ意《い》ヲ體《たい》セヨ

大意

私は深く世界の大勢と日本の現状に鑑み、非常の措置をもって時局を収拾しようと思い、忠実で善良な国民に告げる。

私は政府に米国、英国、中国、ソ連の四カ国に対しそのポツダム宣言を受諾することを通告させた。

そもそも、国民の安全確保を図り、世界の国々と共に栄え、喜びを共にすることは、天皇家の祖先から残された規範であり、私も深く心にとめ、そう努めてきた。先に、米英二カ国に宣戦を布告した理由も、帝国の自存と東亜が安定することを願ってのことであり、他国の主権を排除し、領土を侵すようなことは、もちろん私の意思ではなかった。

しかしながら、戦争はすでに四年を経て、わが陸海軍将兵の勇敢な戦闘や、官僚たちの勤勉な努力、国民の無私の努力は、それぞれ最善を尽くしたにもかかわらず、戦局は必ずしも好転せず、世界の情勢も日本に不利に働いている。

それだけでなく、敵は新たに残虐な爆弾（原子爆弾）を使用して、罪のない人々を殺傷し、その被害ははかり知れない。それでもなお戦争を継続すれば、ついにわが民族の滅亡を招くだけでなく、人類の文明をも破壊してしまうだろう。そのような事態になれば、私はどうしてわが子ともいえる多くの国民を守り、代々の天皇の霊に謝罪することができようか。これが、私が政府にポツダム宣言に応じるようにさせた理由である。

私は日本とともに終始、東亜の解放に協力してきた友好国に対して、遺憾の意を表さざるを得ない。

国民で、戦場で死亡し、職場で殉職し、思いがけない最期を遂げた者、またその遺族のことを考えると、身が引き裂かれる思いがする。さらに戦場で負傷し、戦災に遭い、家や仕事を失った者の生活については、私が深く心配するところである。思うに、これから日本の受けるであろう苦難は尋常ではない。あなたたち国民の本心も私はよく知っている。しかし、私はこれからの運命について耐え難いことを耐え、忍び難いことを忍んで、将来のために平和な世の中を切り開こうと願っている。

私は、ここにこうして国体を護持して、忠実で善良な国民の偽りのない心を信じ、常にあなた方国民と共にある。

もし激情にかられてむやみに事をこじらせ、あるいは同胞同士が排斥し合って国家を混乱に陥らせて、国家の方針を誤って世界から信用を失うようなことを私はもっとも戒めたい。国を挙げて一つの家族のように、子孫ともどもかたく神の国日本の不滅を信じ、道は遠く責任は重大であることを自覚し、総力を将来の建設のために傾け、道義心と志をかたく持ち、日本の栄光を再び輝かせるよう、世界の動きに遅れないよう努力すべきだ。あなた方国民は私のそのような考えをよく理解してほしい。

（公益財団法人郷学研修所・安岡正篤記念館監修）

（註：二－十一－二）【眞相はかうだ】　櫻井よしこ著『GHQ作成の情報操作書「眞相箱」の呪縛を解く』（小学館文庫、二〇〇二）裏表紙：「これは、「真相か」それとも「洗脳か」!?敗戦直後、GHGは占領政策の一環として「太平洋戦争の真相を日本国民に知らせる」ためのラジオ番組を作った。それは「眞相はかうだ」「眞相箱」「質問箱」と名称を変えながら、三年にわたりお茶の間に日本の犯罪を告発し続けた。真実の中に虚偽を巧妙に散りばめ〝帝国主義の悪が民主主義の正義に屈した〟との観念を植え付けるGHQの思惑は成功し、いつしか日本人の歴史観や戦争観を規定した。（略）」

P38～44：「GHQによる検閲指針：《削除または掲載発行禁止の対象となるもの》（一）SCAP（連合国最高司令官（司令部））に対する批判。（二）極東軍事裁判批判。（三）SCAPが憲法を起草したことに対する批判。（四）検閲制度への言及。（五）合衆国に対する批判。（六）ロシアに対する批判。（七）英国に対する批判。（八）朝鮮人に対する批判。（九）中国人に対する批判。（一〇）他の連合国に対する批判。（一一）連合国一般に対する批判。（一二）満州における日本人取り扱いについての批判。（一三）連合国の戦前の政策に対する批判。（一四）第三次世界大戦への言及。（一五）ソ連対西側諸国の「冷戦」に関する言及。（一六）戦争擁護の宣伝。（一七）神国日本の宣伝。（一八）軍国主義の宣伝。（一九）ナショナリズムの宣伝。（二〇）大東亜共栄圏の宣伝。（二一）その他の宣伝。（二二）戦争犯罪人の正当化および擁護。（二三）占領軍兵士と日本女性との交渉。（二四）闇市の状況。（二五）占領軍軍隊に対する批判。（二六）飢餓の誇張。（二七）暴力と不穏の行動の扇動。（二八）虚偽の報道。（二九）ＳＣＡＰまたは地方軍政部に対する不適切な言及。（三〇）解禁されていない報道の公表。（昭和二十一年十一月末　米国立公文書館分室所在：江藤淳著『閉ざされた言語空間　占領軍の検閲と戦後日本』（文春文庫P238～240より））

日本人はなにも考えることはなく占領軍の知的奴隷になれというかのような検閲だ。しかもその検閲をしていることさえ知らせてはならないというのだ。ＧＨＱにそんなことをする権利は、断じて、ない。だが、ＧＨＱが完全な検閲を行うためにも日本の降伏は〝無条件降伏〟でなければならなかったのだ。

こうして、アメリカの戦略意図や、先の戦争に関する洞察は一切封じられていった。

第二次世界大戦での日本の戦いは、一面でアジアでの植民地主義の一掃に力を貸したとか、アジアの幾つかの国々の独立を促したなどとの考えは、軍国主義として排斥された。日本の開戦は、日本の選択であったと同時に、その選択はアメリカの中国への傾きと、日本への偏見に基づいた外交も要因であるなどという分析も、厳しい軍国主義批判の前に霞《かす》まされた。

日本人自身が自らを全否定するべく誘導されたのである。日本人が誰ひとり関知することのないところで日本断罪の物語がつくられていた。それは、彼らにとっての自己正当化という目的に見事に合致していたのである。」

（註：二－十一－三）【東京裁判】　田中正明著『パール判事の日本無罪論』（小学館文庫、二〇〇一）P9：序にかえて――パール判決の生まれるまで――「極東国際軍事裁判（俗称・東京裁判）で、戦勝国十一人の判事のうちただ一人インド代表判事ラダ・ビノード・パール博士は、この裁判は勝者が敗者を一方的に裁いた国際法にも違反する非法・不法の復讐のプロパガンダに過ぎないとして、被告全員の無罪を判決した。（略）P12　この裁判を演出

し指揮したマッカーサーは、裁判が終わって一年半後、ウェーター島でトルーマン大統領に「この裁判は間違いだった」と告白し、さらに三年後の五月三日、アメリカに戻って上院軍事外交委員会の席上で、「日本があの戦争に飛び込んでいった動機は、安全保障の必要に迫られたためで、侵略ではなかった」と言明したのである。」P17「パール判決文」より「復讐の欲望を満たすために、たんに法律的な手続きを踏んだにすぎないというようなやり方は、国際正義の観念とはおよそ縁遠い。こんな儀式化された復讐は、瞬時の満足感を得るだけのものであって、究極的には後悔をともなうことは必然である。」

【日本国憲法】 百地 章著『憲法と日本の再生』（成文堂、二〇〇九）P4：「ところで『憲法』は、コンスティチューションの訳語であるが、本来は、それぞれの国の独自の歴史や伝統を踏まえた国の姿・かたち、言い換えれば「国柄」を意味する。ところがGHQ（連合軍総司令部）の草案をもとにつくられた現行憲法の前文には、日本らしさはどこにも見られない。それゆえ、憲法改正、とりわけ新憲法の制定を考える際には、まず憲法の本来の意味である「国柄」という問題に立ち返り、わが国の個性や独自性を明らかにする必要がある。そして、それをもとに将来の国家目標なども射程に入れ、国家のグランド・デザイン（全体構想）を考えていかなければならない。具体的な条文の起草作業はその後である。」

【神道指令】『大辞林』第三版：「昭和二十年（一九四五）十二月十五日、GHQが日本政府に対して発した覚書『国家神道・神社神道に対する政府の保証・支援・保全・監督ならびに弘布の廃止に関する件』の通称。この結果、神社は在来の国家的性格を改めて宗教法人として発足することとなった。」

日本語原文：

国家神道、神社神道ニ対スル政府ノ保証、支援、保全、監督並ニ弘布ノ廃止ニ関スル件（昭和二十年十二月十五日連合国軍最高司令官総司令部参謀副官発第三号（民間情報教育部）終戦連絡中央事務局経由日本政府ニ

対スル覚書）

一　国家指定ノ宗教乃至祭式ニ対スル信仰或ハ信仰告白ノ（直接的或ハ間接的）強制ヨリ日本国民ヲ解放スル為ニ戦争犯罪、敗北、苦悩、困窮及ビ現在ノ悲惨ナル状態ヲ招来セル「イデオロギー」ニ対スル強制的財政援助ヨリ生ズル日本国民ノ経済的負担ヲ取り除ク為ニ神道ノ教理並ニ信仰ヲ歪曲シテ日本国民ヲ欺キ侵略戦争へ誘導スルタメニ意図サレタ軍国主義的並ニ過激ナル国家主義的宣伝ニ利用スルガ如キコトノ再ビ起ルコトヲ妨止スル為ニ再教育ニ依ッテ国民生活ヲ更新シ永久ノ平和及民主主義ノ理想ニ基礎ヲ置ク新日本建設ヲ実現セシムル計画ニ対シテ日本国民ヲ援助スル為ニ茲ニ左ノ指令ヲ発ス

（イ）日本政府、都道府県庁、市町村或ハ官公吏、属官、雇員等ニシテ公的資格ニ於テ神道ノ保証、支援、保全、監督並ニ弘布ヲナスコトヲ禁止スル而シテカカル行為ノ即刻ノ停止ヲ命ズル

（ロ）神道及神社ニ対スル公ノ財源ヨリノアラユル財政的援助並ニアラユル公的要素ノ導入ハ之ヲ禁止スル而シテカカル行為ノ即刻ノ停止ヲ命ズル

（1）公地或ハ公園ニ設置セラレタル神社ニ対シテ公ノ財源ヨリノ如何ナル種類ノ財政的援助モ許サレズ但シコノ禁止命令ハカカル神社ノ設置セラレ居ル地域ニ対シテ日本政府、都道府県庁、市町村ガ援助ヲ継続スルコトヲ妨ゲルモノト解釈セラルベキデハナイ

（2）従来部分的ニ或ハ全面的ニ公ノ財源ニヨツテ維持セラレテヰタアラユル神道ノ神社ヲ個人トシテ財政的ニ援助スルコトハ許サレル但シカカル個人的援助ハ全ク自発的ナルコトヲ条件トシ絶対ニ強制的或ハ不本意ノ寄附ヨリナル援助デアッテハナラナイ

（ハ）神道ノ教義、慣例、祭式、儀式或ハ礼式ニ於テ軍国主義的乃至過激ナル国家主義的「イデオロギー」ノ

如何ナル宣伝、弘布モ之ヲ禁止スル而シテカカル行為ノ即刻ノ停止ヲ命ズル神道ニ限ラズ他ノ如何ナル宗教、信仰、宗派、信条或ハ哲学ニ於テモ叙上ノ「イデオロギー」ノ宣伝、弘布ハ勿論之ヲ禁止シカカル行為ノ却刻ノ停止ヲ命ズル

（ニ）伊勢ノ大廟ニ関シテノ宗教的式典ノ指令並ニ官国幣社ソノ他ノ神社ニ関シテノ宗教的式典ノ指令ハ之ヲ撤廃スルコト

（ホ）内務省ノ神祇院ハ之ヲ廃止スルコト而シテ政府ノ他ノ如何ナル機関モ或ハ租税ニ依ツテ維持セラレル如何ナル機関モ神祇院ノ現在ノ機能、任務、行政的責務ヲ代行スルコトハ許サレナイ

（ヘ）アラユル公ノ教育機関ニシテソノ主要ナル機能ガ神道ノ調査研究及ビ弘布ニアルカ或ハ神官ノ養成ニアルモノハ之ヲ廃止シソノ物的所有物ハ他ニ転用スルコト而シテ政府ノ如何ナル機関モ或ハ租税ニ依ッテ維持セラルル如何ナル機関モカカル教育機関ノ現在ノ機能又ハ任務ノ行政的責務ヲ代行スルコトハ許サレナイ

（ト）神道ノ調査研究並ニ弘布ヲ目的トスル或ハ神官養成ヲ目的トスル私立ノ教育機関ハ之ヲ認メル但シ政府ト特殊ノ関係ナキ他ノ私立教育機関ト同様ナル監督制限ノモトニアル同様ナル特典ヲ与ヘラレテ経営セラルベキコト併シ如何ナル場合ト雖モ公ノ財源ヨリ支援ヲ受クベカラザルコト、マタ如何ナル場合ト雖モ軍国主義的乃至過激ナル国家主義的「イデオロギー」ヲ宣伝、弘布スベカラザルコト

（チ）全面的ニ或ハ部分的ニ公ノ財源ニ依テ維持セラレル如何ナル教育機関ニ於テモ神道ノ教義ノ弘布ハソノ方法様式ヲ問ハズ禁止セラルベキコト、而シテカカル行為ハ即刻停止セラルベキコト

（1）全面的ニ或ハ部分的ニ公ノ財源ニ依ツテ維持セラレ居ル凡テノ教育機関ニ於テ現ニ使用セラレ居ル凡テノ教師用参考書並ニ教科書ハ之ヲ検閲シソノ中ヨリ凡テノ神道教義ヲ削除スルコト

今後カカル教育機関ニ於テ使用スル為ニ出版セラルベキ如何ナル教師用参考書、如何ナル教科書ニ

モ神道教義ヲ含マシメザルコト

（2）全面的ニ或ハ部分的ニ公ノ財源ニ依テ維持セラレル如何ナル教育機関モ神道神社参拝乃至神道ニ関連セル祭式、慣例或ハ儀式ヲ行ヒ或ハソノ後援ヲナサザルコト

（リ）「国体の本義」、「臣民の道」乃至同種類ノ官発行ノ書籍論評、評釈乃至神道ニ関スル訓令等ノ頒布ハ之ヲ禁止スル

（ヌ）公文書ニ於テ「大東亜戦争」、「八紘一宇」ナル用語乃至ソノ他ノ用語ニシテ日本語トシテソノ意味ノ連想ガ国家神道、軍国主義、過激ナル国家主義ト切り離シ得ザルモノハ之ヲ使用スルコトヲ禁止スル、而シテカカル用語ノ却刻停止ヲ命令スル

（ル）全面的乃至部分的ニ公ノ財源ニ依ツテ維持セラレル役所、学校、機関、協会乃至建造物中ニ神棚ソノ他国家神道ノ物的象徴トナル凡テノモノヲ設置スルコトヲ禁止スル、而シテ之等ノモノヲ直ニ除去スルコトヲ命令スル

（ヲ）官公吏、属官、雇員、学生、一般ノ国民乃至日本国在住者ガ国家神道ソノ他如何ナル宗教ヲ問ハズ之ヲ信仰セヌ故ニ或ハ之ガ信仰告白ヲナサヌガ故ニ或ハカカル特定ノ宗教ノ慣例、祭式、儀式、礼式ニ参列セヌガ故ニ彼等ヲ差別待遇セザルコト

（ワ）日本政府、都道府県庁、市町村ノ官公吏ハソノ公ノ資格ニ於テ新任ノ奉告ヲナス為ニ或ハ政治ノ現状ヲ奉告スル為ニ或ハ政府乃至役所ノ代表トシテ神道ノ如何ナル儀式或ハ礼式タルヲ問ハズ之ニ参列スル為ニ如何ナル神社ニモ参拝セザルコト

二（イ）本指令ノ目的ハ宗教ヲ国家ヨリ分離スルニアル、マタ宗教ヲ政治的目的ニ誤用スルコトヲ妨止シ、正確

ニ同ジ機会ト保護ヲ与ヘラレル権利ヲ有スルアラユル宗教、信仰、信条ヲ正確ニ同ジ法的根拠ノ上ニ立タシメルニアル、本指令ハ啻ニ神道ニ対シテノミナラズアラユル宗教、信仰、宗派、信条乃至哲学ノ信奉者ニ対シテモ政府ト特殊ノ関係ヲ持ツコトヲ禁ジマタ軍国主義的乃至過激ナル国家主義的「イデオロギー」ノ宣伝、弘布ヲ禁ズルモノデアル

（ロ）本指令ノ各条項ハ同ジ効力ヲ以テ神道ニ関連スルアラユル祭式、慣例、儀式、礼式、信仰、教へ、神話、伝説、哲学、神社、物的象徴ニ適用サレルモノデアル

（ハ）本指令ノ中ニテ意味スル国家神道ナル用語ハ、日本政府ノ法令ニ依テ宗派神道或ハ教派神道ト区別セラレタル神道ノ一派即チ国家神道乃至神社神道トシテ一般ニ知ラレタル非宗教的ナル国家的祭祀トシテ類別セラレタル神道ノ一派（国家神道或ハ神社神道）ヲ指スモノデアル

（ニ）宗派神道或ハ教派神道ナル用語ハ一般民間ニ於テモ、法律上ノ解釈ニ依テモ又日本政府ノ法令ニ依テモ宗教トシテ認メラレテ来タ（十三ノ公認宗派ヨリ成ル）神道ノ一派ヲ指スモノデアル

（ホ）連合国軍最高司令官ニ依テ一九四五年十月四日ニ発セラレタル基本的指令即チ「政治的、社会的並ニ宗教的自由束縛ノ解放」ニ依テ日本国民ハ完全ナル宗教的自由ヲ保証セラレタノデアルガ、右指令第一条ノ条項ニ従テ

（1）宗派神道ハ他ノ宗教ト同様ナル保護ヲ享受スルモノデアル

（2）神社神道ハ国家カラ分離セラレ、ソノ軍国主義的乃至過激ナル国家主義的要素ヲ剥奪セラレタル後ハ若シソノ信奉者ガ望ム場合ニハ一宗教トシテ認メラレルデアラウ、而シテソレガ事実日本人個人ノ宗教ナリ或ハ哲学ナリデアル限リニ於テ他ノ宗教同様ノ保護ヲ許容セラレルデアラウ

（ヘ）本指令中ニ用ヒラレテヰル軍国主義的乃至過激ナル国家主義的「イデオロギー」ナル語ハ、日本ノ支配

ヲ以下ニ掲グル理由ノモトニ他国民乃至他民族ニ及ボサントスル日本人ノ使命ヲ擁護シ或ハ正当化スル教ヘ、信仰、理論ヲ包含スルモノデアル
（1）日本ノ天皇ハソノ家系、血統或ハ特殊ナル起源ノ故ニ他国ノ元首ニ優ルトスル主義
（2）日本ノ国民ハソノ家系、血統或ハ特殊ナル起源ノ故ニ他国民ニ優ルトスル主義
（3）日本ノ諸島ハ神ニ起源ヲ発スルガ故ニ或ハ特殊ナル起源ヲ有スルガ故ニ他国ニ優ルトスル主義
（4）ソノ他日本国民ヲ欺キ侵略戦争ヘ駆リ出サシメ或ハ他国民ノ論争ノ解決ノ手段トシテ武力ノ行使ヲ謳歌セシメルニ至ラシメルガ如キ主義

三　日本帝国政府ハ一九四六年三月十五日迄ニ本司令部ニ対シテ本指令ノ各条項ニ従ッテ取ラレタル諸措置ヲ詳細ニ記述セル総括的報告ヲ提出スベキモノナルコト

四　日本ノ政府、県庁、市町村ノ凡テノ官公吏、属官、雇員並ニアラユル教師、教育関係職員、国民、日本国内在住者ハ本指令各条項ノ文言並ニソノ精神ヲ遵守スルコトニ対シテ夫々個人的責任ヲ負フベキコト

【神宮皇學館大學廃学の勅令】「勅令　朕神宮皇学館大学官制廃止ノ件ヲ裁可シ茲ニ之ヲ公布セシム　御名　御璽　昭和二十一年三月十三日　内務大臣　男爵　幣原喜重郎　文部大臣　安倍　能成」

【神宮皇學館大學の廃学】皇學館大学館史編纂委員会編「皇學館大學百三十年史　総説編」（皇學館大学、二〇一二）P216～217：「敗戦という日本国家未曾有の異変に際会して、神宮皇学館大学が廃学になったこともまた国家的な意義を担う事件であった。なぜならば、神道精神が日本国家の支柱であり、その発揚が指導原理である以上、神宮皇学館大学の存在は必須のものであったのであり、それ故に日本国家解体を意図する『神道指令』

が、占領軍の絶対的強権によって発動されたとき、神宮皇学館大学の廃学は必然の運命であったからである。ここに、学制改革によりすべての旧制大学が終焉をつげた世の廃学事情とは、根本的に異なる廃学理由があるというべきである。祖国の注視を浴びて生れ、その期待に応えて充実した内容を整えつつあった誇り高き神宮皇学館大学は、名を残して、短い命を終えた。それは昭和史の悲劇の縮図でもあろうが、流れた六ヶ年の光芒は鮮烈であった」

【その国の君主の宗教には口を出すべきではない】渡部昇一著 WILL平成十九年（二〇〇七）一月号

「一六四八年に作られたウエストファリア条約は世界の三大条約の一番古いものです。この条約の非常に重要な方針は、その国の君主の宗教は国民の宗教であって、お互いに他国の宗教には口を出さない、ということです。この条約は戦後も守られています。北アイルランドIRAがずっとテロを行ってきてサッチャー元首相も危ない目に遭いましたが、それでも彼女はテロを批判してもカトリックを批判しません。ブッシュ大統領もイラクに民主主義をつくると言って、内政干渉していますが、イスラム教は批判しない。しかし、マッカーサーの頃は、アメリカにウエストファリア条約の精神が浸透しておらず、日本に対して「神道指令」を出しています。これはあってはならないことです。今、アメリカは「イスラム指令」など出さない。（略）」。

なお、渡部昇一著『渡部昇一、靖国を語る　～日本が日本であるためのカギ～』（PHP、二〇一四）P57～63に詳述あり。

【ウェストファリア条約】　平凡社『世界大百科事典（第二版）』「三十年戦争（一六一八～四八）を終結させた条約。一六四五年からドイツのウェストファリア Westphalia（ドイツ語ではウェストファーレン）地方のミュンスターとオスナブリュックとに分かれて講和会議が開かれ、各国の利害が衝突して長引いたすえ、一六四八年十月二十四日に調印された。参加国は、ドイツの領邦国家も一国と数えて、総計六十六国で、それまでのヨーロッパ史上最大の国際会議であった。　領土関係については、スウェーデンは西ポンメルンとブレーメン大司教領、フェルデン司教領、ウィスマルを獲得し、フランスはメッツ（メス）、トゥール、ベルダンの三司教領とアルザスのハプスブルク家領の領有を認められた。」

【教育基本法（旧）】　昭和二十二年三月三十一日「朕は、枢密顧問の諮詢を経て、帝国議会の協賛を経た教育基本法を裁可し、ここにこれを公布せしめる。　前文　われらは、さきに、日本国憲法を確定し、民主的で文化的な国家を建設して、世界の平和と人類の福祉に貢献しようとする決意を示した。この理想の実現は、根本において教育の力にまつべきものである。　われらは、個人の尊厳を重んじ、真理と平和を希求する人間の育成を期するとともに、普遍的にしてしかも個性ゆたかな文化の創造をめざす教育を普及徹底しなければならない。ここに、日本国憲法の精神に則り、教育の目的を明示して、新しい日本の教育の基本を確立するため、この法律を制定する。　第一条（教育の目的）教育は、人格の完成をめざし、平和的な国家及び社会の形成者として、真理と正義を愛し、個人の価値をたつとび、勤労と責任を重んじ、自主的精神に充ちた心身とも健康な国民の育成を期して行われなければならない。　第二条（教育の方針）教育の目的は、あらゆる機会に、あらゆる場所において実現されなければならない。この目的を達成するためには、学問の自由を尊重し、実際生活に即し、自発的精神を養い、自他の敬愛と協力によって、文化の創造と発展に貢献するように努めなければならない。」

【臣籍降下】　竹田恒泰著『語られなかった　皇族たちの真実』（小学館文庫、二〇一一）P227：「総司令部は、皇室改革を占領政策の重要な柱として考えていた。天皇を含む皇室全体を廃止するか否かについては、総司令部だけでなく米国本国を巻き込んで大きな議論を巻き起こした。しかし、マッカーサー元帥の強い希望があり、最終的には総司令部の手によって天皇と皇室を廃止することはなかった。総司令部はその一方で、皇室から多くの特権を取り上げ、皇室が政治に関与することができない体制をつくり、さらには、皇室の規模を縮小させるといった皇室改革に着手した。（略）P241　昭和二十一年十一月二十九日、御召により皇族一同が参内し、十一宮家の臣籍降下を伝えられる。昭和天皇からは「諸般の情勢上、秩父、高松、三笠の三宮を除き、他の皇族は全員臣籍に降下することが妥当であるような事情に立ち至った。まことに遺憾ではあるが、了承せよ。その時期は多分来年早々くらいであろう」との御話があった。」

【マッカーサーの証言】　渡部昇一著『渡部昇一、靖国を語る　～日本が日本であるためのカギ～』（PHP、二〇一四）P46：『一九五一年五月三日、米上院軍事外交合同委員会でのマッカーサーの証言：「日本は絹産業以外には固有の産業はほとんどない。（中略）綿がない、羊毛がない、石油の産出がない、錫がない、ゴムがない、その他実に多くの原料が欠如している。もしこれらの原料の供給を断ち切られたら、一千万から一千二百万の失業者が発生することを彼ら（日本）は恐れていました。したがって、彼らが戦争に飛び込んでいった動機は、大部分が安全保障の必要に迫られてのことだった。（小堀桂一郎氏訳）』　極東国際軍事裁判所条例の発令者であるマッカーサーの証言は、日本にとっては東京裁判の無効宣言にも等しい内容です。このマッカーサー証言を内外に周知することが、日本人の自虐史観を根本から振り払い、国民に正しい歴史観を根づかせ、東京裁判史観に染まっている内外の人々を退場せしめるいちばんの力になるでしょう。」

（註：二－十一－四）【昭和天皇とマッカーサーとの会談（昭和二十年（一九四五）九月二十七日）】　木下道雄著『新編　宮中見聞録』（日本教文社、二〇〇二）P107～より：読売新聞・昭和三十年九月十四日朝刊より「天皇陛下讃えるマ元帥　重光　葵」：

（マック）「私は陛下に御出会いして以来、戦後の日本の幸福に最も貢献した人は天皇陛下なりと断言するに憚らないのである。（中略）どんな態度で、陛下が私に会われるかと好奇心を持って御出会いしました。しかるに実に驚きました。陛下は、まず戦争責任の問題を自ら持ち出され、つぎのようにおっしゃいました。これには実にびっくりさせられました。すなわち、『私は、日本の戦争遂行に伴ういかなることにも、また事件にも全責任をとります。また私は、日本の名においてなされた、すべての軍事指揮官、軍人および政治家の行為に対しても直接に責任を負います。自分自身の運命について貴下《きか》の判断が如何様《いかよう》のものであろうとも、それは自分には問題でない。構わずに総ての事を進めていただきたい。私は全責任を負います。』これが陛下のお言葉でした。私は、これを聞いて、興奮の余り、陛下にキスしようとした位です。もし国の罪をあがなうことが出来れば進んで絞首台に上ることを申出るという、この日本の元首に対する占領軍の司令官としての私の尊敬の念は、その後ますます高まるばかりでした。陛下は御自身に対して、いまだかつて恩恵を私に要請した事はありませんでした。ともに決して、その尊厳を傷つけた行為に出たこともありませんでした。どうか日本にお帰りの上は、自分の温かい御あいさつと親しみの情を陛下に御伝え下さい。その際自分の心からなる尊敬の念をも同時にささげて下さい。」

（重光）「それでは必ず御受合い申上げます。（昭和三十年八月　ニューヨークにて）」

（註・二一－十一－五）【新年ニ当リ誓ヲ新ニシテ国運ヲ開カント欲ス国民ハ朕ト心ヲ一ニシテ此ノ大業ヲ成就センコトヲ庶幾フ（いわゆる人間宣言）】　昭和二十一年（一九四六）正月元日

「茲《ここ》ニ新年ヲ迎フ。顧《かえり》ミレバ明治天皇ノ初国是《はじめこくぜ》トシテ五箇条ノ御誓文ヲ下シ給ヘリ。曰《いわ》ク、

一、広ク会議ヲ興シ万機公論《ばんきこうろん》ニ決スヘシ

一、上下《しょうか》心ヲ一《いつ》ニシテ盛《さかん》ニ経綸《けいりん》ヲ行フヘシ

一、官武一途《かんぶいっと》庶民ニ至ル迄各其志《までおのおのそのこころざし》ヲ遂《と》ケ人心《じんしん》ヲシテ倦《う》マサラシメンコトヲ要ス

一、旧来《きゅうらい》ノ陋習《ろうしゅう》ヲ破《やぶ》リ天地《てんち》ノ公道《こうどう》ニ基《もと》クヘシ

一、知識《ちしき》ヲ世界ニ求メ大《おおい》ニ皇基《こうき》ヲ振起《しんき》スヘシ

叡旨《えいし》公明正大、又何ヲカ加ヘン。

朕《ちん》ハ茲《ここ》ニ、誓《ちかい》ヲ新《あらた》ニシテ国運ヲ開カント欲ス。

須《すべか》ラク此ノ御趣旨ニ則《のっと》リ、旧来ノ陋習《ろうしゅう》ヲ去リ、民意ヲ暢達《ちょうたつ》シ、官民挙《かんみんあ》ゲテ平和主義ニ徹シ、教養ヲ豊カニ文化ヲ築キ、以《もっ》テ民生《みんせい》ノ向上ヲ図《はか》リ、新日本ヲ建設スベシ。

大小都市ノ蒙《こうむ》リタル戦禍、罹災者《りさいしゃ》ノ艱苦《かんく》、産業ノ停頓《ていとん》、食糧ノ不足、失業者増加ノ趨勢《すうせい》等ハ、真《まこと》ニ心ヲ痛《いた》マシムルモノアリ。

然《しか》リト雖《いえど》モ、我国民ガ現在ノ試練ニ直面シ、且《かつ》徹頭徹尾文明ヲ平和ニ求ムルノ決意固ク、克《よ》ク其ノ結束ヲ全《まっと》ウセバ、独リ我国ノミナラズ全人類ノ為ニ、輝カシキ前途ノ展開セラルルコトヲ疑ハズ。

夫《そ》レ家ヲ愛スル心ト国ヲ愛スル心トハ我国ニ於テ特ニ熱烈ナルヲ見ル。

今ヤ実ニ此ノ心ヲ拡充シ、人類愛ノ完成ニ向ヒ、献身的努力ヲ效《いた》スベキ秋《とき》ナリ。

惟《おも》フニ長キニ亘《わた》レル戦争ノ敗北ニ終リタル結果、我国民ハ動《やや》モスレバ焦燥《しょうそう》ニ流レ、失意ノ淵ニ沈淪《ちんりん》セントスルノ傾キアリ。

詭激《きげき》ノ風漸《ふうようや》ク長ジテ道義ノ念頗《ねんすこぶ》ル衰《おとろ》ヘ、為《ため》ニ思想混乱ノ兆《きざし》アルハ洵《まこと》ニ深憂ニ堪《た》ヘズ。

然《しか》レドモ朕《ちん》ハ爾等《なんじら》国民ト共ニ在リ、常ニ利害ヲ同ジウシ休戚《きゅうせき》ヲ分《わか》タント欲ス。

朕《ちん》ト爾等《なんじら》国民トノ間ノ紐帯《ちゅうたい》ハ、終始相互ノ信頼ト敬愛トニ依《よ》リテ結バレ、単ナル神話ト伝説トニ依リテ生ゼルモノニ非ズ。天皇ヲ以《もっ》テ現御神《あきつみかみ》トシ、且《カツ》日本国民ヲ以《もっ》テ他ノ民族ニ優越セル民族ニシテ、延《ひい》テハ世界ヲ支配スベキ運命ヲ有ストノ架空ナル観念ニ基クモノニモ非《あら》ズ。

朕《ちん》ノ政府ハ国民ノ試練ト苦難トヲ緩和センガ為、アラユル施策ト経営トニ万全ノ方途《ほうと》ヲ講《こう》ズベシ。

同時ニ朕《ちん》ハ我国民ガ時艱《じかん》ニ蹶起《けっき》シ、当面ノ困苦克服ノ為ニ、又産業及《および》文運振興ノ為ニ勇往《ゆうおう》センコトヲ希念《きねん》ス。

我国民ガ其ノ公民生活ニ於テ団結シ、相倚《あいよ》リ相扶《あいたす》ケ、寛容相許《かんようあいゆる》スノ気風ヲ作興《さっこう》スルニ於《おい》テハ、能《よ》ク我至高ノ伝統ニ恥ヂザル真価ヲ発揮スルニ至ラン。

斯《かく》ノ如キハ、実ニ我国民ガ、人類ノ福祉ト向上トノ為、絶大ナル貢献ヲ為《な》ス所以《ゆえん》ナルヲ疑ハザルナリ。

一年ノ計ハ年頭ニ在リ。

朕《ちん》ハ朕《ちん》ノ信頼スル国民ガ朕《ちん》ト其ノ心ヲ一《いつ》ニシテ、自《みずか》ラ奮《ふる》ヒ、自《みずか》ラ励《はげま》シ、以《もっ》テ此ノ大業《たいぎょう》ヲ成就《じょうじゅ》センコトヲ庶幾《こいねが》フ。

御名　御璽　昭和二十一年一月一日」

【日本の民主主義は、戦後の輸入品ではない】：高橋　紘＋鈴木邦彦　共著『陛下、お尋ね申し上げます』（徳間書店、一九八二）：

記者：ただそのご詔勅の一番冒頭に明治天皇の「五箇条の御誓文」というものがございますけれども、これはやはり何か、陛下のご希望もあるにや聞いておりますが。

天皇：そのことについてはですね、それが実はあの時の詔勅の一番の目的なんです。神格とかそういうことは二の問題であった。

それを述べるということは、あの当時においては、どうしても米国その他諸外国の勢力が強いので、それに日本の国民が圧倒されるという心配が強かったから。

民主主義を採用したのは、明治天皇の思召しである。しかも神に誓われた。そうして五箇条の御誓文を発して、それがもととなって明治憲法ができたんで、民主主義というものは決して輸入のものではないということを示す必要が大いにあったと思います。

それで特に初めの案では、五箇条の御誓文は日本人としては誰でも知っていると思っていることですから、あんなに詳しく書く必要はないと思っていたのですが。

幣原がこれをマッカーサー司令官に示したら、こういう立派なことをなさったのは感心すべきであると非常に賞賛されて、こういうことなら全文を発表してほしいというマッカーサー司令官の強い希望があったので全文を揚げて、国民及び外国に示すことにしたのです。

記者：そうしますと陛下、やはりご自身でご希望があったわけでございますか。

天皇：私もそれを目的として、あの宣言を考えたのです。

記者：陛下ご自身のお気持ちとしては、何も日本が戦争が終わったあとで、米国から民主主義だということで輸入される、そういうことではないと、もともと明治大帝の頃からそういう民主主義の大本、大綱があったんであるという・・・。

天皇：そして、日本の誇りを日本の国民が忘れると非常に具合が悪いと思いましたから、日本の国民が日本の誇りを忘れないように、ああいう立派な明治大帝のお考えがあったということを示すために、あれを発表することを私は希望したのです。

（註：二－十一－六）【昭和天皇全国御巡幸】　国際派日本人養成講座HPより「『ヒロヒトのおかげで父親や夫が殺されたんだからね、旅先で石のひとつでも投げられりゃいいんだ。（略）』昭和二十一年二月、昭和天皇が全国御巡幸を始められた時、占領軍総司令部の高官たちの間では、こんな会話が交わされた。しかし、その結果は高官たちの期待を裏切るものだった。昭和天皇は、沖縄以外の全国を約八年半かけて回られた。行程は三万三千キロ、総日数一六五日。各地で数万の群集にもみくちゃにされたが、石ひとつ投げられたことはなかった。イギリスの新聞は次のように驚きを率直に述べた。『日本は敗戦し、外国軍隊に占領されているが、天皇の声望はほとんど衰えていない。各地の巡幸で、群集は天皇に対し超人的な存在に対するように敬礼した。何もかもが破壊された日本の社会では、天皇が唯一の安定点をなしている。』（略）大日本帝国が崩壊して、始めて国民は間近に天皇を拝

する機会を得た。驚くべき事に、それは人々と共に悲しみ、涙を流す天皇であった。一人ひとりが孤独に抱えていた苦しみ、悲しみに、天皇が涙を流された時、人々は国民同胞全体が自分達の悲しみ、苦しみを分かち合ってくれたと感じ、そこからともに頑張ろう、という気持ちが芽生えていった。戦後のめざましい復興のエネルギーはここから生まれた。」 www2s.biglobe.ne.jp/nippon/jogbd_h12/jog136.html

第十二節．戦後日本の文化政策 〈第十三講〉

昭和二十六年（一九五一）九月のサンフランシスコ講和条約をもって、日本の主権は回復した。(註二-十二-一) しかし、占領下の六年間にGHQによってなされた占領政策および文化施策は、日本にいわゆる敗戦コンプレックス・自虐史観という大きな爪痕を残した。(註二-十二-二)

戦前までの歴史との分断を図ろうとする占領政策の中で、残され許された文化政策として、スポーツ祭典と経済発展を軸にそれは進められた。国民体育大会が各都道府県の持ち回りで開催されるようになり、(註二-十二-三) 戦前の嘉納治五郎の活躍により昭和十五年（一九四〇）に開催が決定されていながら、国際情勢から辞退となっていた東京オリンピック大会が、昭和三十九年（一九六四）に開催された。(註二-十二-四) この際には柔道が正式な競技に採用され、武道館が建設された。(註二-十二-五) また、大阪・千里での日本万国博覧会(註二-十二-六)をはじめとする国際博覧会が開催され、(註二-十二-七) その他に各地で地方博覧会が無数に開催された。(註二-十二-八) その後には国民文化祭も開始されている。(註二-十二-九) また、ユネスコ世界遺産には日本から平成二十七年（二〇一五）末現在で十九件が登録されている。(註二-十二-十)

註釈：

（註：二－十二－一）【サンフランシスコ講和条約】　吉川弘文館『國史大辞典』：「太平洋戦争開始以来の戦争状態を終結させるために、日本政府が英米をはじめとする四十八ヵ国と締結した講話条約。公式名は「日本国との平和条約」。「対日平和条約」とも呼ばれている。（略）昭和二十六年（一九五一）九月八日、吉田茂首相以下の日本全権がサンフランシスコで開催された講話条約で調印し、各国の批准を経て翌二十七年四月二十八日に発効した。ソ連は講話会議で修正案を提出したが採択を拒まれ、ポーランド・チェコスロバキアとともに調印を拒否した。インドはアメリカ主導型の講和はアジアの緊張を高めるとして会議への参加を拒否し、ビルマ・ユーゴスラビアも出席しなかった。また英米両国の間で代表権について合意が成立しなかったことから、中華人民共和国・国民党政府のいずれも会議に招聘されなかった。これらの結果、講和条約の締結はいわゆる単独講和となったのである。（略）（五十嵐武士）」

（註：二－十二－二）【自虐史観】　竹田恒泰著『日本人はなぜ日本のことを知らないのか』（ＰＨＰ新書、二〇一一）P28：「日本は連合軍から占領を受けて以来、日本に誇りを持てるような教育が禁止され、今に至る。その結果、現存する最古の国の建国は、子供たちに教えないようにしているのではないだろうか。考古学で歴史を語りはじめる手法は、建国の経緯を語らずに済む方法だったはずだ。それでいて、科学的根拠に基づいて合理的に歴史を説明している印象を持たせるものであり、うっかりするとこの巧妙な仕組みに気付きにくい。日本の中学の歴史教科書は、戦後体制の産物であり、その背景には、ＧＨＱの実行した「ウォー・ギルト・インフォメーション・プログラム（War Guilt Information Program）」によって植えつけられた敗戦コンプレックスがある。日本人が日本に誇りを持つことは、固く禁止されてきたのである。」

（註：二－十二－三）【国民体育大会】　岩波書店『広辞苑』：「文部省・日本体育協会の共催で毎年行われている総合ス

ポーツ大会。冬季・夏季・秋季の三大会があり、全国都道府県から選手が参加し、三大会の総合得点で天皇杯を争う。一九四六年第一回大会開催。略称、国体。」本来の「国体」という言葉の意味「国家の対面。国の体制。主権または統治権の所在により区別した国家体制。」が大きくすり替えられたことにもなる。

（註：二－十二－四）【東京オリンピック大会】　三省堂『大辞林』：「昭和三十九年（一九六四）十月に東京で開催された第十八回夏季オリンピック大会。日本武道館や国立競技場などはこの時に建設された。開会式の行われた十月十日は、昭和四十一年（一九六六）に「体育の日」として国民の祝日に制定された。」

（註：二－十二－五）【嘉納治五郎（かのう　じごろう）】　生誕一五〇周年記念出版委員会　編『気概と行動の教育者嘉納治五郎』（筑波大学出版会、二〇一一）P202：「日本がオリンピックムーブメントに関わるようになったのは、嘉納治五郎が一九〇九年（明治四十二年）にＩＯＣ委員に日本人として初めて就任してからである。（略）P203　嘉納はオリンピックを受け入れた理由として、「古代オリンピックがギリシャ民族の精神性を築いたように、世界各国民の思想感情を融和し、世界の文明と平和を助くる」「勝敗を超越して、相互に交流を深めて、相互の信頼を深める」などと述べている。（略）P209（福島道正（ＩＯＣ委員）と杉村陽太郎（駐イタリア大使）は）嘉納の提案を受け、有力な候補であったローマ市のオリンピック招致の取り下げについてムッソリーニと会談した。一九四〇年（昭和十五年）が日本紀元二千六百年にあたるため、国家的な祝典としてオリンピックを開催したいので、一九四〇年に限り、ローマ市の立候補を取り下げてほしいと懇請（略）、ムッソリーニは日本の大義を理解し、日本国民のために譲歩すると述べ（略）東京でのオリンピック開催が決定した。」

（註：二－十二－六）【武道館】　日本武道館ＨＰより：「＊創建の目的：日本武道館創建の目的は、我が国伝統の武道を、国民とくに青少年の間に普及奨励し、武道による心身の錬磨を通じて健全な育成を図り、民族の発展に寄与するとともに、広く世界の平和と福祉に貢献することにあります。＊沿革：富士山の裾野を引くような流動美の大屋

根に武道の精神を表徴して、日本武道館は壮麗雄大な姿を皇居・北の丸の杜に現わしています。この日本武道館は、武道を愛好する国会議員各位の熱意と、政府、財界並びに国民の総意による力強い支援によって創建されました。（略）一九六四年（昭和三十九年）十月三日、開館式の後、天皇皇后両陛下をお迎えして「演武始めの儀」が弓道、相撲、剣道、柔道の順で行われました。第十八回オリンピック東京大会では、初めて正式競技に採用された日本の国技・柔道の競技会場として、世界各国からの選手と観衆を集め、世紀の熱戦が連日展開されました。また、我が国伝統の武道である剣道、弓道、相撲がデモンストレーションとして各国武道関係者の前で披露されました。以来、日本武道館は、設立の趣旨に沿い、青少年武道錬成大会や武道指導者講習会など、種々の武道振興普及事業を行っています。また建物は、青少年の心身錬磨の大道場として各種武道大会に使用される一方、公益的な使命をもつ国家的な諸行事にも広く活用されています。」

（註：二－十二－七）【日本万国博覧会】（独立行政法人　日本万国博覧会記念機構　HPより）：「日本万国博覧会は、七十七国の参加のもと、六千四百万人を超える入場者により、好評のうちにその幕を閉じました。テーマ「人類の進歩と調和」（略）日本が国際博覧会条約に加盟したのは昭和四十年二月、同年九月には万国博覧会の開催が正式に日本で行うこととなりました。（略）昭和四十五年三月十四日午前十一時、前夜の春雪に薄化粧された会場で華やかに開幕しました。この日、式典に出席した内外の貴賓、招待者は八千人。開会式の感動は宇宙テレビ中継で全世界に届けられ、「進歩と調和」への願いが、世界の子供たちのかわいい輪にのって世界中へ広がっていきました。」

（註：二－十二－八）【国際博覧会】　その後に日本で開催された「国際博覧会」は以下のとおり。昭和五十年（一九七五）沖縄国際海洋博覧会（沖縄海洋博）、昭和六十年（一九八五）国際科学博覧会（つくば博）。平成二年（一九九〇）国際花と緑の博覧会（花の万博）、平成十七年（二〇〇五）日本国際博覧会（愛・地球博）。

（註：二－十二－九）【地方博覧会】　小学館『日本大百科全書（ニッポニカ）』：（地方博ブームと残された課題）「第二次世界大戦後になると、まず博覧会を戦後復興の起爆剤とするために、全国各地で復興博、貿易博、産業博などが活発に開催された。その後も産業文化博や科学博、婦人子供博などが開催されたが、これは戦前と同じ新聞社、百貨店、電鉄会社などの主催が多かった。他方、地方自治体が主催する地方博は中央官庁主導で地方自治体が持ち回りで開催する全国緑化フェアなどを除けば、かならずしも活発ではなかった。その後、一九八〇年代後半から九〇年代初頭にかけて、地方博の一大ブームが巻き起こった。これは多くの都市が市政一〇〇周年を迎えて競って博覧会を計画したためであるが、同時にバブル景気のもとでレジャー・ブームやリゾート・ブームが盛り上がっていた時期であったことが追い風となった。　筑波（つくば）研究学園都市で開催された「国際科学技術博覧会／科学万博・つくば'85」の余韻の残る一九八七年（昭和六十二）に開催された「未来の東北博覧会」（仙台）や、翌年に開かれた「なら・シルクロード博」（奈良）、「世界・食の祭典」（北海道）、「ぎふ中部未来博覧会」（岐阜）など、次いで八十九年（平成元年）に開催された「横浜博覧会」、「世界デザイン博覧会」（愛知）、「アジア太平洋博覧会」（福岡）の三大博、さらに「海と島の博覧会」（広島）など、この時期の地方博は二十八か所、入場者は四千万人に上った。九〇年に入っても「長崎旅博覧会」、「食と緑の博覧会」（岡山、宮崎、千葉）などが開かれ、最後を飾って「国際花と緑の博覧会」（大阪）が開催された。

しかし、バブル景気の崩壊とともに開催がむずかしくなり、一九九四年には世界都市博「東京フロンティア」が中止され、地方博ブームは一挙に終息した。もともとこのブームには過疎化や東京一極集中に対抗して地域活性化を進めたいとする地方自治体の期待が込められていた。しかし、ディズニーランドを模した巨大なテーマパークが次々と出現するなかで、地方博も巨大な投資を伴うエンターテインメント空間化し、採算性の確保がきわめてむずかしくなり、補助金や企業寄付により赤字を補填《ほてん》せざるをえなくなった。こうした事情は万国博でも同じであり、いまや博覧会は根本から存在意義が問われているといっても過言ではない。［間仁田幸雄］」

（註：二－十二－十）【国民文化祭】『文化庁』HPより：「（略）全国各地で国民一般の行っている各種の文化活動を全国的規模で発表し、競演し、交流する場を提供することにより、国民の文化活動への参加の機運を高め、新しい芸術文化の創造を促すことを狙いとした祭典です。国民文化祭には、文化庁、開催都道府県、開催市町村及び文化団体等により実施される主催事業と、国民文化祭の趣旨に賛同した地方公共団体等が実施する協賛事業があります。平成二十八年度は、「愛故知新」～伝統を「愛いつく」しみ、新しきを「知」り、文化は動く～をテーマに「第三十一回国民文化祭・あいち二〇一六」が愛知県において開催されます。また、平成二十九年度には奈良県、平成三十年度には大分県において開催されます。」

一九八六年に当時の文化庁長官であった三浦朱門が提唱して、第一回東京大会から開始された。

（註：二－十二－十二）【ユネスコ世界遺産】『公益財団法人　日本スネスコ協会連盟』HPより：「世界遺産とは、地球の生成と人類の歴史によって生み出され、過去から現在へと引き継がれてきたかけがえのない宝物です。現在を生きる世界中の人びとが過去から引継ぎ、未来へと伝えていかなければならない人類共通の遺産です。世界遺産は、一九七二年の第十七回UNESCO総会で採択された世界遺産条約（正式には『世界の文化遺産及び自然遺産の保護に関する条約』：）の中で定義されています。二〇一四年十二月現在、世界遺産は一〇〇七件（文化遺産七七九件、自然遺産一九七件、複合遺産三十一件）、条約締約国は一九一カ国です。」「世界遺産には三つの種類があり、有形の不動産が対象です。

「文化遺産」・法隆寺地域の仏教建造物・姫路城・古都京都の文化財・白川郷・五箇山の合掌造り集落・原爆ドーム・厳島神社・古都奈良の文化財・日光の社寺・琉球王国のグスク及び関連遺産群・紀伊山地の霊場と参詣道・

石見銀山遺跡とその文化的景観・平泉　―仏国土（浄土）を表す建築・庭園及び考古学的遺跡群―　・富士山　―信仰の対象と芸術の源泉―　・富岡製糸場と絹産業遺産群
「自然遺産」・屋久島・白神山地・知床・小笠原諸島
「複合遺産」なし

第十三節．現代の文化政策　〈第十四講〉

文部省（現・文部科学省）の外局に「文化庁」が設置され[註.二―十三―一]、ここで日本の文化政策が策定されている。[註.二―十三―二]しかし、そこには本来あるべき愛国・徳等の文字はなく、どこからも批判を受けないよう、無難な、保護および支援を中心とした行政指針が記されている。[註.二―十三―三]

幸いにも教育基本法は、平成十八年（二〇〇六）十二月に改訂が行われ、その目標に「五　伝統と文化を尊重し、それらをはぐくんできた我が国と郷土を愛するとともに、他国を尊重し、国際社会の平和と発展に寄与する態度を養うこと。」の文言が加えられた。[註.二―十三―四]これに沿って、教育指導要領も順次に改訂され、これに対応する検定教科書がつくられ、採用されるようになった。

繁栄と平和の中で、国防・歴史認識・道徳などの空洞化が問われている一方で、平成二十三年（二〇一一）三月十一日に発生した東日本大震災において国民が示した礼節と忍耐の姿が世界を驚嘆させ[註.二―十三―五]、今上天皇の御言葉とともに、この国にいきわたっている日本人精神の尊さが改めて際立つこととともなった。[註.二―十三―六]

政府の指針を示す機会としては首相談話があり、特に戦後七十年となった平成二十七年（二〇一五）八月の首相談話が注目された。（註・二－十三－七）

註釈：

（註・二－十三－一）【文化庁】　ＴＢＳブリタニカ『ブリタニカ国際大百科事典』：「『文化の振興、普及および文化財の保存、活用をはかるとともに、宗教に関する行政事務を行なうこと』を任務とする国の行政機関。国家行政組織法および文部科学省設置法に基づき、文部科学省の外局として設置されている。」

（註・二－十三－二）【文化芸術の振興に関する基本的な方針－文化芸術資源で未来をつくる－（第四次基本方針）】『文化庁』ＨＰより（平成二十七年五月二十二日・閣議決定）：「我が国は、諸外国を魅了する有形・無形の文化財を有しているとともに、日本人には地域に根付いた祭りや踊りに参加する伝統がある。また、我が国では、多様な文化芸術活動が行われるとともに、日常においても、稽古事や趣味などを通して様々な文化芸術体験が盛んに行われてきた。

こうした日本の文化財や伝統等は、世界に誇るべきものであり、これを維持、継承、発展させることはもとより、日本人自身がその価値を十分に認識した上で、国内外への発信を、更に強化していく必要がある。

また、経済成長のみを追求するのではない、成熟社会に適合した新たな社会モデルを構築していくことが求められているなか、教育、福祉、まちづくり、観光・産業等幅広い分野との関連性を意識しながら、それら周辺領域への波及効果を視野に入れた文化芸術振興施策の展開がより一層求められる。

他方で、人口減少社会が到来し、特に地方においては過疎化や少子高齢化等の影響、都市部においても単身世帯の増加等の影響により、地域コミュニティの衰退と文化芸術の担い手不足が指摘されている。また、昨今の経済情勢や、厳しさを増す地方の財政状況などからも、地域の文化芸術を支える基盤の脆弱《ぜい》化に対する危機感が広がっている。文化芸術が生み出す社会への波及効果を、こうした諸課題の改善や解決につなげることも、求められている。

二〇二〇年オリンピック・パラリンピック東京大会（以下「二〇二〇年東京大会」という。）は、我が国の文化財や伝統等の価値を世界へ発信するとともに、文化芸術が生み出す社会への波及効果を生かして、諸課題を乗り越え、成熟社会に適合した新たな社会モデルの構築につなげていくまたとない機会である。

本基本方針は、文化芸術資源で未来をつくり、以下のような「文化芸術立国」の姿を創出していくための国家戦略となることを目指す。」

（註：二－十三－三）【我が国が目指す「文化芸術立国」の姿】『文化庁』ＨＰ「文化芸術資源で未来をつくり「文化芸術立国」へ」より

（１）子供から高齢者まで、あらゆる人々が我が国の様々な場で、創作活動へ参加、鑑賞体験できる機会等を、国や地方公共団体はもとより、芸術家、文化芸術団体、ＮＰＯ、企業等様々な民間主体が提供している。

（２）全国の地方公共団体、多くの文化芸術団体、文化施設、芸術家等の関係者により、世界に誇る日本各地の文化力を生かしながら、二〇二〇年東京大会を契機とする文化プログラムの全国展開等がなされている。

（３）日本全国津々浦々から、世界中に各地の文化芸術の魅力が発信されている。東日本大震災の被災地からは、力強く復興している姿を、地域の文化芸術の魅力と一体となって、国内外へ発信している。

（４）二〇二〇年東京大会を契機とする文化プログラムの全国展開等に伴い、国内外の多くの人々が、それらに生き生きと参画しているとともに、文化芸術に従事する者が安心して、希望を持ちながら働いている。そして、文化芸術関係の新たな雇用や、産業が現在よりも大幅に創出されている。

（註：二－十三－四）【（新）教育基本法】（平成十八年（二〇〇六）十二月二十二日　法律第百二十号）：

「前文　我々日本国民は、たゆまぬ努力によって築いてきた民主的で文化的な国家を更に発展させるとともに、世界の平和と人類の福祉の向上に貢献することを願うものである。我々は、この理想を実現するため、個人の尊厳を重んじ、真理と正義を希求し、公共の精神を尊び、豊かな人間性と創造性を備えた人間の育成を期するとともに、伝統を継承し、新しい文化の創造を目指す教育を推進する。ここに、我々は、日本国憲法の精神にのっとり、我が国の未来を切り拓く教育の基本を確立し、その振興を図るため、この法律を制定する。　第一章　教育の目的及び理念　（教育の目的）第一条　教育は、人格の完成を目指し、平和で民主的な国家及び社会の形成者として必要な資質を備えた心身ともに健康な国民の育成を期して行われなければならない。（教育の目標）第二条　教育は、その目的を実現するため、学問の自由を尊重しつつ、次に掲げる目標を達成するよう行われるものとする。

一　幅広い知識と教養を身に付け、真理を求める態度を養い、豊かな情操と道徳心を培うとともに、健やかな身体を養うこと。

二　個人の価値を尊重して、その能力を伸ばし、創造性を培い、自主及び自律の精神を養うとともに、職業及び生活との関連を重視し、勤労を重んずる態度を養うこと。

三　正義と責任、男女の平等、自他の敬愛と協力を重んずるとともに、公共の精神に基づき、主体的に社会の形成に参画し、その発展に寄与する態度を養うこと。

四　生命を尊び、自然を大切にし、環境の保全に寄与する態度を養うこと。

五　伝統と文化を尊重し、それらをはぐくんできた我が国と郷土を愛するとともに、他国を尊重し、国際社会の平和と発展に寄与する態度を養うこと。」

（註：二－十三－五）【世界が驚嘆する日本の秩序、連帯、根気強さ。】

（CNNテレビ十二日夜。米国のスタジオにいるキャスターのウルフ・ブリッツアー記者の質問に、宮城県・仙台地区にいるキュン・ラー記者からの報告「日本の被災地の住民たちは冷静で、自助努力と他者との調和を保ちながら、礼儀さえも守っています。共に助け合っていくという共同体の意識でしょうか。調和を大切にする日本社会の特徴でしょうか。そんな傾向が目立ちます。（略）略奪のような行為は驚くほど皆無なのです。みんなが正直さや誠実さに駆られて機能しているという様子なのです。」

（CNNテレビ・英国「エコノミスト」誌ケネス・カーキー記者のレポート）「日本の被災者の間では社会的調和の保持が目立ちました。みんなが助け合い、個人では違法な行動を決して取らないという暗黙の文化的合意と言えるでしょう。」

（米国『ウォールストリートジャーナル』紙十二日付東京発の記事）「東京都民はストイックな冷静さを保っていた。」「略奪など決して起こさない」、同紙社説「日本の国民が最大級の地震に立派に耐えたことは素晴らしい」「この地震で自国を守った日本のパワーは、近代国家の業績として見落としてはならない。」など。

http://recollectionsummer.blog72.fc2.com/blog-entry-206.html

（註：二－十三－六）【東北地方太平洋沖地震に関する天皇陛下のお言葉】平成二十三年三月十六日　宮内庁HPより

「この度の東北地方太平洋沖地震は、マグニチュード九・〇という例を見ない規模の巨大地震であり、被災地の悲惨な状況に深く心を痛めています。地震や津波による死者の数は日を追って増加し、犠牲者が何人になるのかも分かりません。一人でも多くの人の無事が確認されることを願っています。また、現在、原子力発電所の状況が予断を許さぬものであることを深く案じ、関係者の尽力により事態の更なる悪化が回避されることを切に願っています。

現在、国を挙げての救援活動が進められていますが、厳しい寒さの中で、多くの人々が、食糧、飲料水、燃料などの不足により、極めて苦しい避難生活を余儀なくされています。その速やかな救済のために全力を挙げることにより、被災者の状況が少しでも好転し、人々の復興への希望につながっていくことを心から願わずにはいられません。そして、何にも増して、この大災害を生き抜き、被災者としての自らを励ましつつ、これからの日々を生きようとしている人々の雄々しさに深く胸を打たれています。

自衛隊、警察、消防、海上保安庁を始めとする国や地方自治体の人々、諸外国から救援のために来日した人々、国内のさまざまな救援組織に属する人々が、余震の続く危険な状況の中で、日夜救援活動を進めている努力に感謝し、その労を深くねぎらいたく思います。

今回、世界各国の元首から相次いでお見舞いの電報が届き、その多くに各国国民の気持ちが被災者と共にあるとの言葉が添えられていました。これを被災地の人々にお伝えします。

海外においては、この深い悲しみの中で、日本人が、取り乱すことなく助け合い、秩序ある対応を示していることに触れた論調も多いと聞いています。これからも皆が相携え、いたわり合って、この不幸な時期を乗り越えることを衷心より願っています。

被災者のこれからの苦難の日々を、私たち皆が、さまざまな形で少しでも多く分かち合っていくことが大切であろうと思います。被災した人々が決して希望を捨てることなく、身体《からだ》を大切に明日からの日々を生き抜いてくれるよう、また、国民一人びとりが、被災した各地域の上にこれからも長く心を寄せ、被災者と共にそれぞれの地域の復興の道のりを見守り続けていくことを心より願っています。」

（註：二一十三一七）【内閣総理大臣談話　［閣議決定］】：

「終戦七十年を迎えるにあたり、先の大戦への道のり、戦後の歩み、二十世紀という時代を、私たちは、心静かに振り返り、その歴史の教訓の中から、未来への知恵を学ばなければならないと考えます。
百年以上前の世界には、西洋諸国を中心とした国々の広大な植民地が、広がっていました。圧倒的な技術優位を背景に、植民地支配の波は、十九世紀、アジアにも押し寄せました。その危機感が、日本にとって、近代化の原動力となったことは、間違いありません。アジアで最初に立憲政治を打ち立て、独立を守り抜きました。日露戦争は、植民地支配のもとにあった、多くのアジアやアフリカの人々を勇気づけました。（略）
私たちは、国際秩序への挑戦者となってしまった過去を、この胸に刻み続けます。だからこそ、我が国は、自由、民主主義、人権といった基本的価値を揺るぎないものとして堅持し、その価値を共有する国々と手を携えて、「積極的平和主義」の旗を高く掲げ、世界の平和と繁栄にこれまで以上に貢献してまいります。終戦八十年、九十年、さらには百年に向けて、そのような日本を、国民の皆様と共に創り上げていく。その決意であります。」

平成二十七年八月十四日

内閣総理大臣　安倍　晋三

第三章　これからの文化政策　〈第十五講〉

第一節　世界各国の文化政策

世界の主要な国々は、それぞれどのような文化政策をとっているのであろうか。文化庁の資料の中に、主要国（米・英・仏・独）の文化政策をまとめた一覧表が紹介されている（註．三－一－一）。

特に、大国アメリカの圧倒的なアメリカ文化が世界を覆いつつある中で、英国、仏国、独国は、それぞれの存亡を掛けて、自国文化を称揚し、鼓舞し、世界へアピールしようとしている。

グローバル化の中で、各国は、従来の軍事的および経済的な力に加えて、これまでにも増して文化的な力においても、それを重要な国力ととらえて、それぞれの歴史と文化とその資産に立脚した独自の戦略を構築し、世界に押し出そうとしている。

今後、さらに情報の共有や人々の移動交流が進むに従って、文化政策は国内政策（内政）のみならず外交政策（外交）としての意義を深めている。さらに、これからは各国文化の「質」が問われていくことになると思われる。すなわち、この地球にとって、人類にとって、より善い人間とより善い社会を創っていくべき文化とはどのようなものであるか。多様な人種と民族と宗教と思想とを包括しつつ、統合して、世界をより平和を保ち、社会を繁栄に導く、地球規模での理想の文化が求められている。単なる軍事的および経済的な大国というだけではなく、その道義において世界の人々の信任を得てこそ、真なるリーダーシップを発揮することができる。日本の文化政策に問われるものもここにあると思われる。

註釈：

（註：三－一－一）『我が国の文化政策（平成二十四年度）参考資料』「各国の主な文化政策について」（『文化庁』ＨＰ、ｐｄｆファイル　P184〜）：

・イギリスの文化政策：

「イギリスの芸術活動は王侯貴族の庇護と豊かな市民層により自律的で自主的な支援という二面性をもった歴史がある。それは現在も残っており、文化行政において芸術の自由と独立を保つための「アームズ・レングスの原則」と呼ばれる芸術が行政と一定の距離を保ち、援助を受けながらしかも表現の自由と独立性を維持する施策をとっている。文化を所管する国の機関は、文化・メディア・スポーツ省（ＤＣＭＳ）であり、文化の活動を通じてすべての国民に生活内容の質と向上の機会を与えることを目的としている。（略）」

・フランスの文化政策：

「フランスでは、フランス革命以前の比較的早い時期から国家権力がパリに一極集中してきた。革命後も、比較的最近まで地域における独自性は政府に対する反乱的行動であるとさえ考えられていた。文化政策においては、特にパリの文化的地位が国際的に高いことから、文化機関・施設が集中し、国家予算の大部分がパリに投下される傾向にあった。さらに中央においては、国家予算をどのように使うかは文化省における決定に依存するなど、文化大臣に権力が集中しており、近年、地方分権の動きが進んでいるものの、依然として中央の果たす役割は大きい。文化財の保護の歴史は、一八三〇年頃の歴史的建造物監察総監が文化財管理の任にあたったことからはじまる。(略)」

・アメリカの文化政策

「アメリカでは、芸術活動は、ブロードウェイやポピュラーミュージック等のコマーシャルな活動を除くと、基本的には「非営利活動」として社会的に認められており、文化芸術団体は非営利法人として税制面等において優遇されている。芸術活動への支援については、個人、財団、企業など民間部門が主体となっており、行政は、文化芸術団体に免税の特権を与えるとともに、文化芸術団体への寄付分を所得税から控除することによって、民間の寄付を奨励するなどの形で支援している。芸術活動への助成は、連邦政府の独立行政機関である全米芸術基金(NEA)などが実施。(略)」

・ドイツの文化政策

「ドイツの諸都市は、基本的に大小の独立した領域、自由都市などによって構成されてきた歴史がある。またナチス独裁政権下で、文化についても強制的な政策が行われたことから国家単位の文化政策に強い反省がある。よって文化振興の実施についての権限は、その大部分を各州政府および各地方自治体が有している。ただし、近年は地方自治体の財政状況も厳しいことなどから、連邦政府に文化担当部署が必要だという認識により、一九九八年に行政組織文化メディア庁(BKM)が設置された。(略)」

第二節　世界が讃える日本文化

改めて、世界の人々が日本という国を、そして日本人を、どのように評価してきたかについて再考するならば、日本が世界の中で類いまれなる「尊い国」であることが推し量られる。(註三-二-一)その中から二つだけ紹介する。

・アルバート・アインシュタイン（一八七九〜一九五五：理論物理学者）の言葉。(註三-二-二)

「近代日本の発展ほど世界を驚かせたものはない。一系の天皇を戴いていることが、今日の日本をあらしめたのである。私はこのような尊い国が世界の一ヵ所くらいなくてはならないと考えていた。世界の未来は進むだけ進み、その間、幾度か争いは繰り返されて、最後の戦いに疲れるときが来る。その時人類はまことの平和を求めて、世界的な盟主をあげなければならない。この世界の盟主なるものは、武力や金力ではなく、あらゆる国の歴史を抜きこえた、最も古くてまた尊い家柄でなくてはならぬ。世界の文化はアジアに始まって、アジアに帰る。それには、アジアの高峰、日本に立ち戻らねばならない。我々は神に感謝する。我々に日本という尊い国をつくっておいてくれたことを。」

・李登輝（りとうき）（一九二三〜：元台湾総統）の言葉(註三-二-三)：

「私は、このような『日本精神』、すなわち、『義』を重んじ、『誠』をもって、率先垂範《そっせんすいはん》、実践躬行《じっせんきゅうこう》するという『大和魂』の精髄がいまなお脈々として『武士道』精神の中に生き残っていると信じ切っているからこそ、日本および、日本人を愛し、尊敬しているのです」「この『大和心』こそ、日本人が最も誇りに思うべき普遍的真理であり、人類社会がいま直面している危機的状況を乗り切っていくために、絶対に必要不可欠な精神的指針なのではないでしょうか。」

ここには、如何に日本が尊い国であり、また、人類を救う普遍的真理を有した、世界の盟主たる国であることが謳われている。世界は日本に期待を寄せている。この期待に応えることこそが、皇国の道義でもあろう。

註釈：

（註三－二－一）【世界の人々が日本をどのように認識しているのか】　波多野毅著『世界の偉人たちが贈る　日本賛辞の至言　三十三選』（ごま書房、二〇〇八）：

・フランシスコ・ザビエル（一五〇六～一五五二）宣教師　（P22～）

「この国の人びとは今までに発見された国民のなかで最高であり、日本人より優れている人びとは、異教徒のあいだでは見つけられないでしょう。

彼らは親しみやすく、一般に善良で、悪意がありません。驚くほどの名誉心の強い人びとで、他の何よりも名誉を重んじます。大部分の人々は貧しいのですが、武士も、そうでない人びとも、貧しいことを不名誉だとは思っていません。」

・エドワード・シルヴェスター・モース（一八三八～一九二五）博物学者　（P32～）

「外国人は日本に数ケ月いた上で、徐々に次のようなことに気がつき始める。即ち彼は、日本人にすべてを教える気でいたのであるが、驚くことには、また残念ながら、自分の国で人道の名に於いて道徳的教訓の重荷になっている善徳や品性を、日本人は生まれながらに持っているらしいことである。

衣服の簡素、家庭の整理、周囲の清潔、自然及びすべての自然物に対する愛、あっさりして魅力に富む芸術、挙動の礼儀正しさ、他人の感情に就いての思いやり・・・・これ等は恵まれた階級の人々ばかりでなく、最も貧しい人びとも持っている特質である。」

・レヴィ・ストロース（一九〇八〜二〇〇九）フランスの民族学者、ベルギー生まれ。両親はフランス国籍のユダヤ人。（P77）

「民族学者、文化人類学者として私が非常に素晴らしいと思うのは、日本が、最も近代的な面においても、最も遠い過去との絆《きずな》を持続しつづけていることができるということです。

私たち（西欧人）も自分たちの根があることは知っているのですが、それを取り戻すのが大変難しいのです。もはや乗り越えることのできない溝があるのです。その溝を隔てて失った根を眺めているのです。だが、日本には、一種の連続性というか絆《きずな》があり、それは、おそらく、永遠ではないとしても、今なお存続しているのです。」

（註：三―二―二）同書（p14）：

・アルバート・アインシュタイン（一八七九〜一九五五）理論物理学者

「近代日本の発展ほど世界を驚かせたものはない。一系の天皇を戴いていることが、今日の日本をあらしめたのである。私はこのような尊い国が世界の一ヶ所くらいなくてはならないと考えていた。

世界の未来は進むだけ進み、その間、幾度か争いが繰り返されて、最後の戦いに疲れるときが来る。その時人類はまことの平和を求めて、世界的な盟主をあげなければならない。この世界の盟主なるものは、武力や金力ではなく、あらゆる国の歴史を抜きこえた、最も古くてまた尊い家柄でなくてはならぬ。世界の文化はアジアに始まって、アジアに帰る。それには、アジアの高峰、日本に立ち戻らねばならない。我々は神に感謝する。我々に日本という尊い国をつくっておいてくれたことを。」

（註：三－二－三）同書（P146・P151）：

・李登輝（りとうき）（一九二三～）元台湾総統。日本統治下の台湾に生まれる。旧制台北高校卒。京都帝国大学農学部入学。陸軍に志願入隊、二等兵から陸軍少尉に昇進。終戦後、台湾大学卒。アイオワ州立大学、コーネル大学に留学。

「私はね、二十二歳まで日本人だったんですよ、岩里政男という名前でね。私は日本人として、非常に正統な日本教育を受けた。後に中国の教育も受け、アメリカにも学びましたが、私の人生に一番影響を与えたのは、この日本時代の教育だったんです。」「私は、このような『日本精神』、すなわち、『義』を重んじ、『誠』をもって、率先垂範、実践躬行するという『大和魂』の精髄がいまなお脈々として『武士道』精神の中に生き残っていると信じ切っているからこそ、日本および、日本人を愛し、尊敬しているのです」「この『大和心』こそ、日本人が最も誇りに思うべき普遍的真理であり、人類社会がいま直面している危機的状況を乗り切っていくために、絶対に必要不可欠な精神的指針なのではないでしょうか。」

第三節　日本のあるべき姿の実現

これら海外の識者からの評価と期待を踏まえて、日本のあるべき姿の実現に向けての文化政策を構築するに当たって、改めてこの日本の文化の特徴を次のようにまとめさせていただく。

（一）天皇

その文化の第一の特徴は、世界一古い統一国家であることである。神代より語り継がれる神々を祖とする万世一系の天皇を元首として仰ぎ、少なくとも二千六百有余年以上、一度も絶えることなく継承された皇室の統治のもと今日に至っている。君臣民を一つの家となすその類い稀《まれ》なる国体こそ、第一の特徴である。

（二）歴史

世界で唯一、我が国のみが、太古の文化を今に伝える。多くの他の国々では、侵略征服される以前の、根源的な信仰や、言語・神話・精神等を、もはや思い出せなくなっている。我が国は平穏な統治のゆえに、神代からの精神文化を、生きた形で継承して、今日に至っている。

（三）有徳

古来からの神道に、仏教、儒教など、様々な善き教えを学び、現実に照らして統合し、日本的宗教観が醸成され洗練されてきた。それは調和・寛容であり、現実に対応し、正義と誠実、勤勉と忍耐、秩序と礼節を尊び、あらゆる苦難を修行の「道」とみなして、自立自尊と慈悲仁愛に満ちた、徳ある者となること目指す文化である。

（四）文武

神国には文徳と武徳の道があり。文とは学徳によって人々を導くもの。武とは武威によって人々を護るもの。我が国は建国より文武二道の精神を重んじてきた。文武二道に秀でた人となり、天皇の治世を支えるべく、文官・武官ともに相携えて、臣民の道を極めてきた。皇国の彌栄を、文武の道にて支えてきた。

（五）伝統と革新

この国の人々は、伝統を重んじるとともに、さらなる革新に努めてきた。神代からの精神を儀礼に伝えつつ、世界で最も安全快適な文明社会を実現している。古き智慧を継承しつつも、新しい技術や価値を敏感に学び、改善と開発により、さらなる善き智慧へと磨いていく。伝統と革新が、常にこの国の文化を輝かせ続けている。

（六）世界繁栄

古来より我が国民は、四海の平穏無事を望み、世界をひとつの一家とみなして、民族を超えて共に栄えることを願い、その安寧が天地と共に永遠に続くことを祈ってきた。これは、皇室の祈りであり、国民の祈りであった。有色人種として唯一近代化に成功し、大東亜戦争によってアジア・アフリカの植民地は解放された。東洋と西洋を、古代と未来を結ぶ、高貴なる経済文化国としての責務を、我が国はさらに果たすことが期待されている。

以上、日本の文化の特徴を基盤とし、現状を踏まえた上で、今後の我が国のあるべき姿の実現にむけて、その文化政策に必要な心構えとして、次の七点を挙げる

（1）国を愛する心。
（2）神仏を崇敬する心。
（3）皇室を崇敬し、国家と家庭を重んじる心。
（4）伝統を重んじ、自国の歴史への誇りをもつ心。
（5）文武両道に秀でた徳高い人間となるための道を歩む心。
（6）国防力を高めて、自らの力で自らの国を守る気概を涵養する心。
（7）世界の人々を救済し、牽引する、創造的で慈愛に満ちた社会を構築する心。

おわりに

昨年、平成二十七年（二〇一五）は、大東亜戦争の終戦七十周年の年であった。国を愛する教育、国の誇りを取り戻す教育の復興も進んでいる一方で、まだまだ占領政策時の自虐史観の呪縛の影も散見される。一刻も早い呪縛からの解放が求められる。

平成三十二年（二〇二〇）には夏季オリンピックおよびパラリンピック大会が東京で開催されることとなった。前回の昭和三十九年（一九六四）東京大会から五十六年ぶりとなる。

今年、平成二十八年（二〇一六）五月二十六日〜二十七日にはサミットが伊勢志摩を会場に開催される。世界の注目が伊勢・神宮・日本の文化に集まる。人類の過去と現代と未来の展望に、日本が果たす役割の大きさも表わされる時となる。

世界はこのように、さらにダイナミックに私たち日本人に、その使命を果たすことを期待している。その使命を果たすのは、ひとりひとりの日本人であり、ひとつひとつの家庭の中で、次の世代へ語り継がれ、育てられていく。

願わくば、皇學館大学に学んだ学生諸君におかれては、将来において、まずはそれぞれのご家庭で、特にあなたの息子たち娘たちに、この国の誇りを、素晴らしい歴史と精神を、語り聞かせていただきたい。そして、これからの日本のあるべき姿と、その為に何をなすべきかを伝えていただきたい。そして、その実現に向けて、一人一人がそれぞれの持ち場でそれぞれの役割と使命を果たすことによって、その理想が実現することを教えていただきたい。

次に、その言葉を実践するべく、諸君が、それぞれの持場や職場において、日本のあるべき姿の実現に向けて、それぞれの役割と職分において、国民としての使命を果たすように、努めていただきたい。

されは、必ずや、神仏の御加護を得て、その夢は実現し、この国はあるべき姿を取り戻し、この国に永遠なる平和と繁栄と名誉を保つであろう。そして世界を永遠なる平和と繁栄と名誉ある未来に導くであろう。

健闘を祈る。

参考図書：

日本古典文学大系　一『古事記　祝詞』（岩波書店、一九五八）

日本古典文学大系　六十七『日本書紀　上』（岩波書店、一九六五）

日本古典文学大系　六十八『日本書紀　下』（岩波書店、一九六七）

新日本古典文学大系　五　「古今和歌集」（岩波書店、一九八九）

阪本是丸監修『直毘霊《なおびのみたま》を読む』（右文書院、二〇〇一）

藤田　覚著『天皇の歴史　六：江戸時代の天皇』（講談社、二〇一一）
荒井桂・現代語訳『山鹿素行・中朝事実を読む』（致知出版社、二〇一五）
松浦光修著『日本は天皇の祈りに守られている』（致知出版社、二〇一三）
辻惟雄監修『日本美術史』（美術出版社、一九九一）
芳賀幸四郎著『わび茶の研究』（淡交社、一九七六）
石川松太郎著『藩校と寺子屋』（教育社、一九七八）
沖田行司著『日本人をつくった教育』（大巧社、二〇〇〇）
北影雄幸著『武士道　十冊の名著』（勉誠出版、二〇一二）
笠谷和比古著『武士道』（NTT出版、二〇一四）
石田梅岩先生顕彰会編『石門心学の開祖　石田梅岩』（石田梅岩先生顕彰会、一九九九）
中澤伸弘著『やさしく読む　国学』（戎光祥出版、二〇〇六）
広瀬　豊著『吉田松陰の士規七則』（国書刊行会、二〇一三）
打越孝明著・明治神宮監修『明治天皇のご生涯』（新人物往来社、二〇一二）
鈴木日出男『源氏物語ハンドブック』（三省堂、一九九八）
打越孝明著・明治神宮監修『明治天皇のご生涯』（新人物往来社、二〇一二）
櫻井よしこ著『GHQ作成の情報操作書「眞相箱」の呪縛を解く』（小学館文庫、二〇〇二）

田中正明著『パール判事の日本無罪論』（小学館文庫、二〇〇一）
百地　章著『憲法と日本の再生』（成文堂、二〇〇九）
木下道雄著『新編　宮中見聞録』（日本教文社、二〇〇二）
高橋　紘＋鈴木邦彦共著『陛下、お尋ね申し上げます』（徳間書店、一九八二）
竹田恒泰著『現代語　古事記』（学研、二〇一一）
竹田恒泰著『語られなかった　皇族たちの真実』（小学館文庫、二〇一一）
竹田恒泰著『日本人はなぜ日本のことを知らないのか』（ＰＨＰ新書、二〇一一）
生誕一五〇周年記念出版委員会編『気概と行動の教育者　嘉納治五郎』（筑波大学出版会、二〇一一）
波多野毅著『世界の偉人たちが贈る　日本賛辞の至言　三十二選』（ごま書房、二〇〇八）
渡部昇一著『渡部昇一、靖国を語る　日本が日本であるためのカギ』（ＰＨＰ研究所、二〇一四）
渡部昇一著『日本史　百人一首　和歌で読み解く日本の歴史』（育鵬社、二〇〇八）
田中英道著『日本史の中の世界一　世界に誇る日本の財産目録』（育鵬社、二〇〇九）
田中英道著『日本の歴史　本当は何がすごいのか』（育鵬社、二〇一二）
根本　昭著『文化政策学入門』（水曜社、二〇一〇）
岩崎正彌著『日本礼法論　序説』（皇學館大学出版部、二〇一四）

岩 崎 正 彌（いわさき まさや）

皇學館大学 現代日本社会学部 伝統文化分野担当 准教授

昭和34年（1959）東京生まれ。早稲田大学理工学部建築学科（学士）、同・大学院（修士）終了。（株）内井昭蔵建築設計事務所、（財）平安遷都1200年記念協会常任参与。（学）池坊短期大学助教授・教学部長を経て、平成22年（2010）より現職。担当授業：「伝統建築」「伝統工芸」「伝統芸能」「日本礼法論」「文化政策論」等。建築家（一級建築士）。博物館学芸員資格。茶の湯文化学会理事。京都精華大学非常勤講師。

文化政策論 序説

平成二十八年四月一日 初版

本体価格 一、二一〇円

著者 岩崎正彌

発行所 皇學館大学出版部
代表者 井面 護
五一六-八五五五 伊勢市神田久志本町一七〇四
電話 〇五九六—二二—六三二〇
振替口座 〇〇八四〇—一—一六三二六

印刷所 株式会社 オリエンタル
五一〇-〇三〇四 津市河芸町上野二一〇〇

ISBN 978-4-87644-199-0 C3036